低流动社会

后疫情时代日本的新格差

[日] 山田昌弘 著 郭佩 译

中国科学技术出版社

·北京·

Original Japanese title: SHINGATA KAKUSASHAKAI
Copyright © 2021 Masahiro Yamada
Original Japanese edition published by Asahi Shimbun Publications Inc.
Simplified Chinese translation rights arranged with Asahi Shimbun Publications Inc.
through The English Agency (Japan) Ltd. and Shanghai To-Asia Culture Co., Ltd.
The simplified Chinese translation copyright by China Science and Technology Press Co., Ltd.

北京市版权局著作权合同登记　图字：01-2022-5574。

图书在版编目（CIP）数据

低流动社会：后疫情时代日本的新格差 /（日）山田昌弘著；郭佩译 . — 北京：中国科学技术出版社，2023.5

ISBN 978-7-5046-9924-4

Ⅰ.①低… Ⅱ.①山…②郭… Ⅲ.①社会问题—研究—日本 Ⅳ.① D731.38

中国国家版本馆 CIP 数据核字（2023）第 032334 号

策划编辑	刘　畅　屈昕雨	责任编辑	刘　畅
封面设计	仙境设计	版式设计	蚂蚁设计
责任校对	张晓莉	责任印制	李晓霖

出　　版	中国科学技术出版社
发　　行	中国科学技术出版社有限公司发行部
地　　址	北京市海淀区中关村南大街 16 号
邮　　编	100081
发行电话	010-62173865
传　　真	010-62173081
网　　址	http://www.cspbooks.com.cn

开　　本	787mm×1092mm　1/32
字　　数	86 千字
印　　张	6
版　　次	2023 年 5 月第 1 版
印　　次	2023 年 5 月第 1 次印刷
印　　刷	大厂回族自治县彩虹印刷有限公司
书　　号	978-7-5046-9924-4/D・126
定　　价	59.00 元

（凡购买本社图书，如有缺页、倒页、脱页者，本社发行部负责调换）

引言

疫情带来不可逆转的变化

到 2021 年 2 月为止，引发全世界陷入混乱状况的新冠疫情丝毫没有消退的迹象。

新冠疫情不仅威胁人们的健康，而且对职场、家庭、学校、交通部门、交流活动、餐饮业等以人群聚集为前提的所有领域都产生了巨大影响。

我工作所在大学的样貌，在新冠疫情前后同样发生了很大变化。学校目前大部分课程都在网上进行，几乎看不到校园里来往的学生。为了防止在大学里发生聚集，除了允许少数人参加的研讨会和理科实验等课程以外，学校尽量减少开设面对面的课程。大学的风光要想恢复到疫情之前的样子，到底需要多长时间，还无从想象。

人们聚集在一起交流的场所被称为社会。但如今受疫情影响，所有的聚集活动，包括人与人面对面的交流都受到了很大限制。也就是说，新冠疫情已经从根本上改变了社会的状态，而且，几乎所有人都和我有着一样的想法。

现在，全国正以医务工作者和相关行政人员为核心，举国上下共同努力防止新冠疫情的蔓延和扩散。不过，我认为新冠疫情不仅对国民个体带来直接的健康伤害，而且会给"国家"的形式带来不可逆的变化。

我多年来一直从家庭社会学的观点出发，对日本人的家庭（结婚和恋爱）、性别分工、年轻人的变化（主要从"金钱"和"爱情"的角度）等领域进行了观察。其成果，既有对已成年从学校毕业后却仍以未婚状态生活在父母身边的"单身寄生族"①的研究，也有对当下因结婚难现象而出

---

① "单身寄生族"一词为作者山田昌弘首创，意思是指成年后仍寄居父母住处过着富足生活的未婚者。——译者注

现的"婚活"①研究。

从长期研究日本人家庭和生活的经验来看，我觉得一直隐藏在日本社会中的两个特点如今在新冠疫情影响下开始凸显出来了：

一个是，与其说至今为止一直被掩盖的，倒不如说是看不到的"差距"慢慢变得清晰了。

另一个是，现在所有的日本国民都有的共同想法，那就是"不可能再回到过去的社会中了"。

阶层社会化的担忧

自"格差社会"这个词在媒体上引发关注以来，已经过去了 15 年。我认为"格差社会"这个词在很多情况下都是

---

① "婚活"同样为山田先生所创，是结婚活动的略语，即为了结婚之最终目的而进行的种种活动。——译者注

关于经济问题的。但是其实，在日本持续扩大的差距不仅仅表现在经济方面，"家庭""工作""教育"等构成社会基础的要素之间的差距也在不断扩大。我曾经使用过"希望格差"这个词，也就是说，其实包括人们的意识和态度等心理方面同样产生了差距。促使社会差距固化的一系列因素，在疫情影响下愈发增强。在日本生活的每个人内心的不安，难道不是比之前变得更加明显了吗？

本书从社会学的观点出发，从5个方面来讨论因疫情而加速的日本社会差距。我们都知道很难用个人的力量去阻挡整个潮流，但是，如果知道大潮的流向，或者即便在浊流中，如果知道可以停留休息的地方，那么生存的概率就会有飞跃性的提高。

据世界卫生组织称，一百多年前从欧洲向全世界蔓延的"西班牙大流感"感染了25%～30%的世界人口，约造成1 700万～1亿人死亡。但是，造成39万日本人死亡的"西班牙大流感"也在三年内结束了，之后的世界经济从长期来看持续增长。

对于这次新冠疫情我们无法预测准确的结束日期，但总有一天会结束，我们就能回到不用在意感染风险的生活中。

可是，那个时候的社会样貌还与新冠疫情以前一样吗？

恐怕已经完全不一样了吧。

即使日本社会的样貌注定要被新冠疫情这一潮流影响，不可逆地发生变化，我也衷心地希望本书可以成为更多人的"航海图"和生活航路的参照路标，特在此记述。

目录

第一章 家庭格差——战后型家庭的界限 001

第一节 疫情给日本社会带来的冲击 003

第二节 日本家庭内部的种种问题 020

第二章 教育格差——父母差距的再生产 039

第一节 日本家庭教育态度的改变 041

第二节 父母的差距在孩子身上放大 057

第三章 工作格差——中流跌落的加速化 071

第一节 不断凸显的三个格差 073

第二节 一线工作者的窘境和远程工作者的春天 075

第三节 观光业与餐饮业的胜负实况 095

第四章 地域格差——地域再生的生命线 099

第一节 大城市居住的悖论 101

第二节 列车线路上的阶层 115

第三节 地域格差中的边缘族群 137

第四节 弥补差距的方法 149

第五章 消费格差——映射时代的镜子 157

第一节 消费带来的幸福 159

第二节 消费主体的变化 165

结语 令和时代「格差」的走向 177

第一章

家庭格差——战后型家庭的界限

第一节 疫情给日本社会带来的冲击

超于地震影响之上的疫情冲击

要说新冠疫情之前对日本影响较大的灾害,应该就是1995年发生的阪神大地震和2011年发生的东日本大地震,以及由此导致的福岛第一核电站事故。这两次都是非常大的灾难,受灾者人数众多,对日本经济也造成了很大的打击。

但是,要从对未来产生的社会影响这一角度来看,这两次地震的影响还是要比2020年开始的新冠疫情的影响小得多。阪神大地震中约有6 000人死亡,尽管今天的神户市尚留有伤痕,但在关西圈以外生活的人们几乎没有受到任何影响。

东日本大地震造成2万人以上的遇难者,至今仍有4万多人因核电站泄漏事故无法回到故乡。即使如此地震也并未给全日本带来灾害。当时东京暂时出现了流浪的难民，计划停电等现象，连我所工作的大学的毕业典礼也被迫中止，但之后不久就又回到了地震前的日常生活。

然而这一次突如其来的新冠疫情，从北海道到冲绳，席卷日本全境，彻底改变了全体国民的生活。

人们日常的酒会和派对被取消，各种社会活动被中止，戴着口罩的生活已然成了新冠疫情下的固定"规则"。新冠疫情不仅改变了日本人的生活方式，而且无形中扩大了社会已有的种种差距。这种情况不仅在日本发生，而且在全世界同时发生。

我在2004年出版的《希望格差社会——"失败组"的绝望感即将撕裂日本！》（筑摩文库）中，记述了中老年男性自杀人数从1997年到2008年近10年间增加了约1万人。在调查原因的过程中我发现，自杀人数的增加与伴随着日本经济结构转换的经济危机有很大关系。

1997年从泰国开始出现了亚洲金融危机，东亚、东南亚各国的货币急剧贬值，日本也出现以北海道拓殖银行的破产为首，山一证券、长期信用银行等金融机构陆续宣告经营破产的现象，日本金融业受到前所未有的沉重打击。另外，由于很多企业倒闭，连锁性的关联中小企业也相继业绩不佳和破产，很多中老年男性由于裁员或公司倒闭而失去了工作。当时，受到经济危机这一宏观现象影响最多的是正值赚钱黄金期的中老年男性。

在拙著《希望格差社会——"失败组"的绝望感即将撕裂日本！》中，我指出："亚洲金融危机引发的社会变动，凸显了'二战'后持续的不可逆转的社会变化。"从太平洋战争到20世纪90年代前半期日本家庭呈"均质化"特点，即"父亲是正式员工，母亲是全职主妇或一边兼职一边料理家务，每个家庭平均养育两个孩子"。这样的构成为日本家庭的主要结构。他们大多生活在东京等大城市圈，主要劳动力在企业工作的较多，而且几乎所有家庭都以实现"富裕生活"为目标奋斗。

其实，1992—1993年泡沫经济的崩溃已经开启了"一亿总中流"崩坏的开关，金融危机的爆发对社会经济来说更是雪上加霜。就在同一时期，派遣劳动法的修订正式打开了非正式员工的工作大门。

此后，很多企业开始抑制正规雇佣，通过录用非正式员工的方式来削减劳动成本。大量的服务业，如便利店、快餐店、观光业等，开始越来越多地录用非正式员工。日本社会长期以来被视为非正规就业的雇佣形态开始成为常态，尤其在年轻人中越来越普遍。

非正规就业让企业业绩开始回升，服务业也有了很大发展，但在就业领域已经悄然发生了巨大的"不可逆转的变化"。这样的变化，就是正式员工和非正式员工的经济差距不断加大，而且伴随着非正式员工的增多，日本逐步进入了"即使努力工作，也不一定能赚到养家糊口的收入"的"格差社会"。

在这样的背景下，日本的自杀人数从1998年的2.4万人一下激增到3.2万人，到2011年为止每年都有超过3万人自杀。自杀人数激增的主要原因就是从1997年的亚洲金融危机到2008年的雷曼金融危机导致了大量公司倒闭或企业裁员，越来越多中年男性无法靠自己的收入养活家人。在这之后，由于日本政府采取的很多促进经济复苏的政策以及厚生劳动省的自杀对策，从2010年开始到2019年自杀人数逐渐减少（见图1.1.1），特别是中老年男性的自杀人数大幅减少。

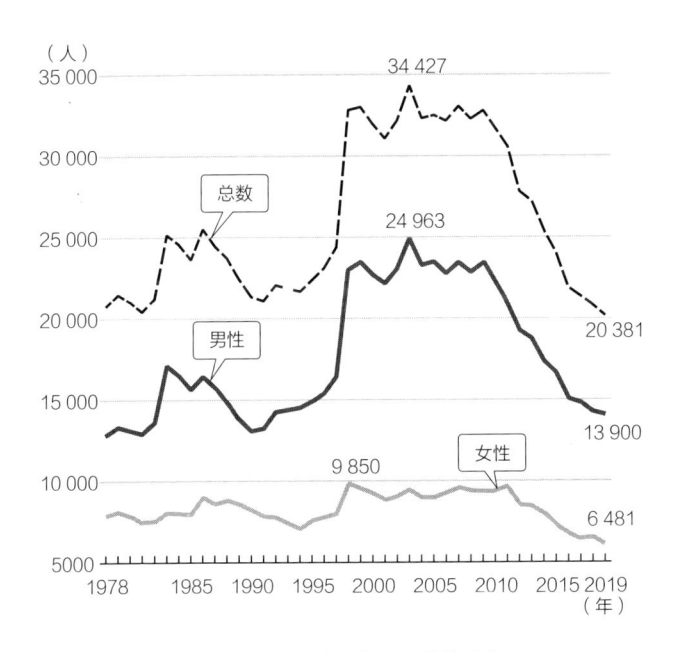

图1.1.1 自杀者人数随年份的变化

资料来源：日本警察厅《自杀统计》。

但从2020年7月左右开始，很多媒体报道由于疫情，日本自杀人数再次呈现增加态势。警察厅的数据显示，2020年后的自杀人数，到6月为止比上一年同月少，但是7月以后连续5个月持续增加（见图1.1.2和图1.1.3）。

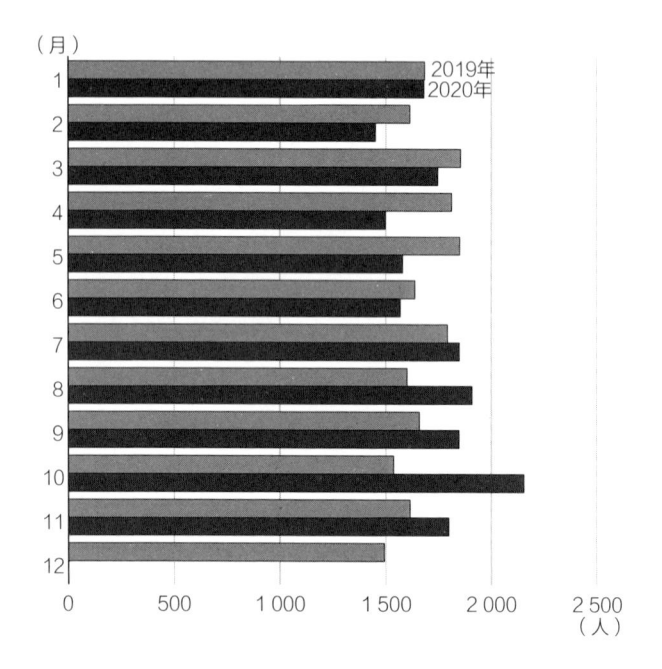

图1.1.2 2019年与2020年自杀人数的比较

资料来源：日本警察厅《自杀统计》。

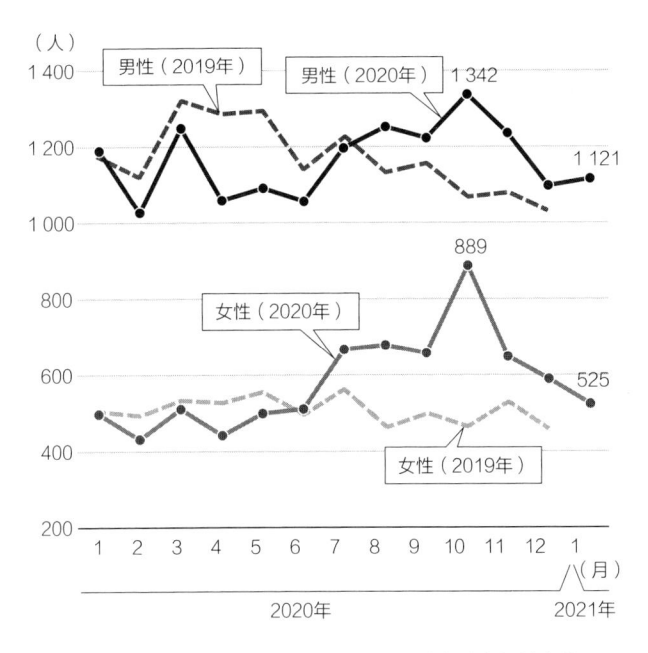

图 1.1.3　2019 年与 2020 年男性与女性自杀人数的变化

资料来源：日本警察厅《自杀统计》。

年轻女性自杀人数增加

其中，最引人注目的是 10～30 岁年轻女性自杀人数的增加。到 2020 年 6 月为止，女性自杀人数仍低于前一年，但 7 月以后大幅超过前一年。对比男性自杀人数来看，虽然

2020年8月男性自杀人数与上一年相比也增加了10%，但女性增幅高达45%。加上未满20岁的女性，女性自杀人数与2019年同期相比总共增加了3.6倍。日本警察厅统计数字显示，2020年女性自杀人数总计约7 000人，其中未满40岁的女性上升到1 643人。

疫情给社会带来了各种"次生灾害"，给原本处于弱势的女性群体带来了更严重的影响。疫情影响下，很多女性失去了工作或收入减少，甚至还产生了某方面的家庭纠纷，这使她们失去了生的希望。其实，在疫情前2019年内阁府的舆论调查数据来看，年轻人是所有年龄中生活满意度最高的人群。尽管他们可能在经济收入上处于弱势，但得益于对家人的依赖，他们的生活满意度较高。未婚女性和父母同居生活可以依靠父母，已婚女性可以依靠丈夫，即使本人的收入减少也没有太大影响。但是疫情后年轻女性自杀人数的上升，从某种意义来说，可以推知既没有家人依靠，又没有未来前景的年轻女性数量在增加（见图1.1.4和图1.1.5）。

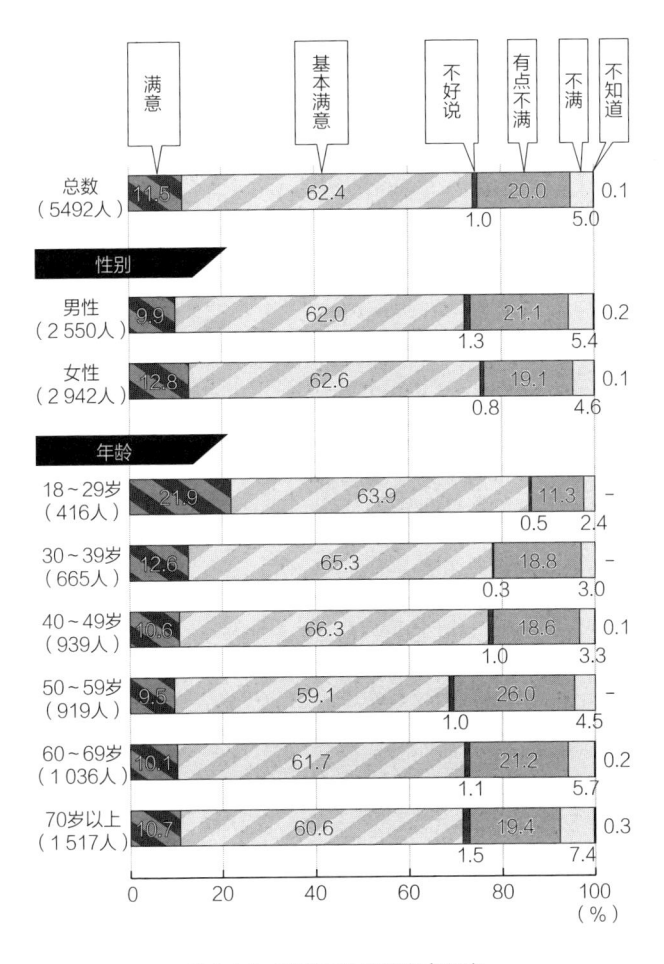

类别	满意	基本满意	不好说	有点不满	不满	不知道
总数（5492人）	11.5	62.4	1.0	20.0	5.0	0.1
性别						
男性（2550人）	9.9	62.0	1.3	21.1	5.4	0.2
女性（2942人）	12.8	62.6	0.8	19.1	4.6	0.1
年龄						
18～29岁（416人）	21.9	63.9	0.5	11.3	2.4	-
30～39岁（665人）	12.6	65.3	0.3	18.8	3.0	-
40～49岁（939人）	10.6	66.3	1.0	18.6	3.3	0.1
50～59岁（919人）	9.5	59.1	1.0	26.0	4.5	-
60～69岁（1036人）	10.1	61.7	1.1	21.2	5.7	0.2
70岁以上（1517人）	10.7	60.6	1.5	19.4	7.4	0.3

图 1.1.4 对现在生活的满意程度

资料来源：日本内阁府《关于国民生活的舆论调查（2019 年）》。

第一章　家庭格差——战后型家庭的界限　011

※( )内数值为与上一年同月的差值

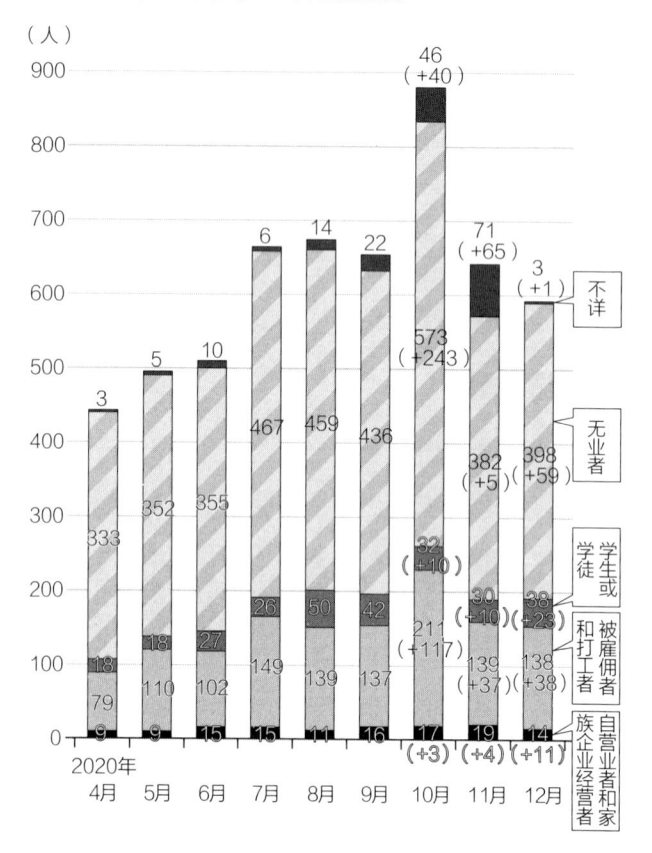

图 1.1.5　不同职业类别自杀人数的变化（女性）

资料来源：日本厚生劳动省《自杀的统计》。

由此，从女性自杀人数的增加推测，疫情带来的影响在社会的"上层"和"下层"之间，对生活在"下层"的人们影响更大。对于之前每个月都靠差不多的收入维持中流生活的家庭来说，新冠疫情造成的暂停营业以及带来的收入减少甚至失业直接触碰到他们的生活底线。"能否维持目前的生活"已成为摆在大家眼前不得不面对的现实问题。

在现在的日本社会中，即使是丈夫拥有工薪阶层稳定工作的家庭，也有不少是"勉强度日"。比如40多岁的丈夫每月算上加班费一共有30万日元的收入，其中有10万日元需要支付住房贷款，剩下20万日元是四口之家的生活费，一年两次的奖金用来支付车贷，另外妻子通过兼职赚取的钱可以支付念初中的孩子的补习班费。很多家庭就是凭借上述模式维持着一定层面的"中流"生活。

但对于这样的家庭，一旦丈夫的收入因为疫情而减少，加班费和奖金同样被削减；而妻子也由于餐饮店的停业失去兼职收入的话，不仅有可能从"中流家庭"中掉下来，而且有可能从"隐性贫困家庭"坠入真正的贫困中。

如今的日本社会，家庭主要收入者在遭遇长期生病、被裁员、离婚等始料未及的风险时，恢复以往生活水平的概率会大大降低。事实上，可能如今的家庭仅面临上述任何一个风险就会瞬间陷入崩塌的窘境。更不幸的是，新冠疫情会触发所有家庭的风险开关。

日益加速的少子化

新冠疫情给日本带来的社会变化，不仅仅是自杀人数的增加，还有关乎日本未来发展的重要指标的改变，即"结婚数和生育数的减少"。其实，少子化在新冠疫情之前就已然是重要的社会课题，疫情进一步加速了这种趋势。厚生劳动省统计数据显示，2020年日本婚姻数量与2019年相比下降了12.7%。

导致婚姻数量减少的原因有多种，例如即将结婚的情侣因为"担心引发聚集性感染而推迟结婚日期"，还有因为疫情引发的收入减少而担心"结婚后经济生活不稳定"的情侣也在增加。另外，也有由于对感染风险持不同意见而分手的情侣。具体情况在今后的调查中会进一步明晰，但目前从各地区的变化来看，东京等感染较为严重的区域的婚姻数明显减少。**因此，不可否认，因疫情而未踏上结婚新生活的情侣数量较之前增加了许多。**

此外，受新冠疫情影响，为了促成结婚的各种相亲活动也减少了很多，这也会加剧结婚人数的减少。实际上，在2020年1月，没有恋人的未婚者中正在积极参加各种相亲活动的人约占13%，但到了10月已经下降到10%（Eureka公司调查）。很多从事结婚中介的社会团体、公司也在疫情后不得不中止相亲类策划活动。尽管目前也有公司在积极开发"一对一相亲"手机软件等，但其实很多人都在犹豫要不要实际使用。不论是朋友组织的个人相亲活动还是企业或社区组织的相亲活动，都已经减少到鼎盛时期的四分之一左右。

其实，有很多人认为"单身的话还是很不安，所以想结婚"，而且拥有这样想法的人不在少数，只是还要考虑到婚后能否有稳定生活，因此多数情况下女方会要求男方具备一定的经济条件。疫情影响下，女性对男性工作和收入的要求似乎更为严苛了，与此同时符合条件的男性却越来越少。

也就是说，大家心目中追求的传统型婚姻生活，即主要靠男性收入生活的家庭形态即将走到尽头。

接下来，我们来看一下新生儿的出生情况。

之前，很多人预测"2020年新生儿的出生数可能会增加"。这是因为2019年是令和元年，这一年提交结婚申请的人数比2018年有所增加。考虑到大概在结婚一年后生孩子的情况较多，因此如果2019年的结婚数增加了，那么相应地2020年新生儿的出生数量也会有所增加。但总务省的统计数字显示，2020年的出生人数比统计数值最低的2019年还下降了约2.5万人。我猜想最终的结果可能会低于85万人。原本适龄期女性的数量就在减少，即使是新冠疫情前的妊娠，也无法改变新生儿数量继续减少的态势。

而且，预计2021年的出生人数还会进一步减少。

厚生劳动省公布的出生数调查显示，2020年5月到7月，产妇向医疗机构提交的妊娠申报数与去年同期相比下降了11%。妊娠数的减少意味着第二年出生的孩子数量将同步减少。根据预测，2021年出生人数将跌破80万，这个数字不及"二战"后的出生高峰值269万（出生于战后婴儿潮时期，即现在的"团块世代"）的三分之一，与2011年的105万人相比，减少速度已经大大超出人们的意料范围。而2020年12月的出生数量与前一年相比下降了7.3%（2020年2月左右怀孕），说明新冠疫情的影响已经开始凸显。

关于妊娠减少的原因，可以考虑以下几点。一是很多女性不想在怀孕期间感染新型冠状病毒，从健康风险的角度会选择避免怀孕。二是怀孕需要定期去医院接受产检，而频繁去医院也会增加感染病毒的可能性。尽管目前社会都在呼吁要避免因为疫情导致的医疗挤兑，但从实际出发仍然会担心在怀孕期间能否享有充分的医疗服务。因此，很多家庭都认为没有必要非要在疫情期间怀孕，额外增加孕期风险。

2020年10月21日的东京新闻报道，在专门治疗不孕的诊所就诊的女性数量从3月到6月急剧减少。该报道还指出，很多人还会纠结到底要回老家分娩还是就地分娩，很难做出合适的选择，因此越来越多的人宁愿选择避免在疫情期间怀孕。

另外，还有一个避免怀孕的重要理由就是经济状况。与结婚数量减少的情况相同，很多家庭由于疫情导致的收入减少而选择推迟怀孕。因为在日本，很多选择结婚的夫妇都会规划孩子出生后的教育等，选择有计划怀孕，毕竟未来养孩子会是一笔不小的开支，**在对于未来生活没有太大把握的情况下，自然会有很多人选择不生孩子。**

其实，出生数的减少不仅局限于2021年。刚才我讲述了婚姻数量减少的情况，按照正常结婚后一到两年内生育第一个孩子计算，随着结婚数量的减少，自然会出现出生数量减少的情况。而且日本人的结婚数中约有25%（冲绳约40%）其实是"奉子成婚"，但新冠疫情影响了人们的出行，也减少了人们的相遇机会，自然可以预测以怀孕为契机的结婚也大幅减少。

日本很多地方自治体都期待随着年号变为令和后，"令和婚"会增加，新生儿出生数也会有所增加。但是，疫情的到来已经无情地把人们的这种美好希望彻底击碎。少子化和老龄化问题一直被认为是影响日本未来发展的重要课题，政府为之也采取了很多政策，但都没有取得什么实质性的效果。相反地，2020年的新冠疫情再次加速了既有的少子化进程（见图1.1.6）。

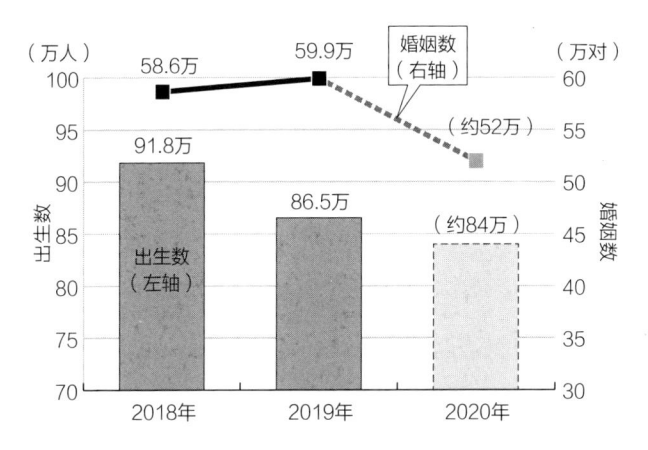

图1.1.6　出生动向调查与婚姻数量

资料来源：日本总务省统计局（根据人口动态统计所得）。

第二节 日本家庭内部的种种问题

夫妻间扩大的爱情格差

接下来分析"家庭格差"的另一方面。

在日本,目前其实"家庭中的爱情格差"也在扩大,而这也是产生家庭格差的重要原因之一。

一方面,日本家庭计划协会于2020年进行的"关于男女生活和意识的调查"中显示,日本婚姻关系中20～49岁夫妻之间的性冷淡现象正在逐年增加,有51.9%的夫妻一个月以上没有性生活。这项调查每隔4年进行一次。与2004年的31.9%相比,没有性爱的夫妻增加了20%。我曾经在欧美等国家也做过多次报告,每次提到其实日本没有性生活的夫妻有很多时,都会被现场听众反问:"那样的话,结婚有什么意义呢?"

另一方面，我个人的印象是，与昭和时代相比，"关系好的夫妻"的比例也在增加。也就是说，"关系好的夫妻"和"关系不好的夫妻"之间的差距也在慢慢变大。

欧美的婚姻基本上是以彼此的爱情为基础而建立的，所以结婚的夫妻如果关系不好的话离婚也不稀奇。我在美国的时候从朋友的学生那里听说，"如果爸爸和妈妈长时间不接吻的话，孩子就已经做好父母将要离婚的准备"，因此欧美的情况是在结婚10～20年后只剩下关系好的夫妻。但是在日本，维持稳定夫妻关系的，不仅是彼此的爱情，还有经济上的稳定、面子、亲朋好友面前的虚荣等因素，另外以"为了孩子"为理由维持婚姻关系的夫妻也不在少数。在拙著《不需要结婚的社会》（朝日新书）中我也说过，即使已经是"关系变差的夫妻"，但只要生活上对彼此有好处，也会继续保持这种关系。特别是年龄越大，丈夫死亡后的"遗属年金"就会越多，为此也有很多夫妻选择不离婚。也有"协议婚"的情况，即双方仅在法律证件上维持婚姻关系，允许双方互相再有新的恋人，这也是为了逃避离婚相关烦琐事宜的一种解决方法。

近些年，我观察发现周围朋友中关系好的夫妻数量确实在增加。与20～30年前的一般婚姻关系相比，现在50～60岁的夫妻经常去旅行，有着共同的兴趣爱好。从早些年开始我就经常去宝冢歌剧院欣赏各种舞台剧和芭蕾舞表演等，30年前歌剧院的观众基本都是女性，而如今可以看到散落在人群中的中老年男性，再仔细一看，旁边都有妻子，可能是在作为歌剧"粉丝"的妻子建议下来观看的。旅行也是同样的道理，30年前夫妻各自与公司的同事或朋友一起去旅行的情况较为普遍，而如今一起享受旅行的中老年夫妻不断增加。比如我有一位公司管理层的亲属，刚过60岁就申请了退休，开始每年一次的夫妻海外旅行。疫情发生之前，就连在要花3个月时间周游世界的游轮上，都挤满了经济阔绰的退休夫妇。还有我的另一位朋友在70岁生日时，也收到了丈夫浪漫地邀请一起去西餐厅吃饭的惊喜。

虽然有上述这样关系很好的夫妻，但也有"几年都不说话的家庭内离婚"型的夫妻，这也是日本的现状。大约

20～30年前,日本的退休丈夫被戏称为"潮湿落叶族",即"每天无所事事,围在妻子身边转,像是被霜打湿,贴在游人衣裤上很难脱落的秋天的落叶一样",而妻子则和朋友一起参加门球比赛或者兴趣聚会等,当时大多数老年夫妻的生活就是这样的状态。而现在,很多夫妻即使上了年纪,也互相恩爱,频繁一起去旅行,并拥有共同的兴趣和爱好,但也有完全失去爱情,只维持形式上婚姻关系的夫妇。而且,还有"家庭内离婚"现象不断增加,处于"家庭分居"状态,进而另寻他欢。也就是说,"夫妻间有多少爱情"的家庭格差也在同步扩大中,这也是日本社会的实际情况。

因疫情而深化的家庭格差

家庭格差直接关系到老年人的生活质量。

和妻子关系不好的丈夫,在家庭中很容易陷入孤立境地,同时失去孩子们的信任。而且,妻子也不会每天下厨做饭,长期只能订购超市快餐或者靠点外卖度日,健康状态会变差。有一项医学研究报告称，如果每天都能和相爱的人拥抱一次，大脑会自动分泌出一种叫作催产素的爱情激素，有利于健康，但这样的行为在很久以前就很少了。最近，为了赢得这种在爱情格差中处于劣势的男性青睐，各地出现了一些专门针对老年男性的夜总会等风俗产业。

受疫情影响，我认为目前"家庭差距将进一步扩大是毫无疑问的"。为了预防感染，不仅在日本，全世界都在宣传"居家不外出"的重要性。长期居家自然会增加和家人在一起相处的时间。刚才我列举了高龄夫妇的例子，高龄夫妇的爱情差距凸显的重要原因正是退休后丈夫在家的时间增加了。长时间居家后，一直以来潜藏在家庭内部的由交流不畅而引发的矛盾逐步显现出来。因此，我认为疫情影响下，不仅是老年夫妻，年轻夫妇也会存在爱情差距进一步扩大的问题。

毕竟原来由于外出工作的关系，丈夫从早到晚都在公司，在家庭中和妻子交流的时间很少，也避免了很多不必要的麻烦，能勉强维持一定的夫妻关系。但在疫情期间，人们大部分时间都只能居家，夫妻共同相处的时间也增加了许多，很多妻子认为看见丈夫的脸就会感到烦躁不安。

类似上述已婚女性的内心想法，随便打开电脑在推特上进行搜索，都会出现大量的类似信息。而很多丈夫对妻子积压的不满也会爆发出来，酿成家庭暴力（DV），这种情况在世界范围内同步增加。相信很多人都从新闻上看到了类似夜宵店等场所受疫情影响较为严重，这些地方如居酒屋、夜宵馆等是很多家中没地位的男性可以放松解压的宝贵场所，然而这样的地方如今也难以营业了。从妻子的角度来看，之前随时可以和朋友约会、吃饭、聊天，诉说丈夫的种种不是，但疫情以来这样的倾诉机会少了很多，精神上的痛苦无法缓解。长期如此的话，彼此的压力会变得越来越大。那些因夫妻关系亲密而感到幸福的伴侣，即使遭遇疫情也能毫无变化地生活下去，但对于没有这种亲密的伴侣来说，疫情可能会成为家庭暴力和离婚的导火索。

这样看来，疫情好像起到了夫妻爱情试纸的重要作用。婚姻本身并不是要求夫妻兴趣爱好和价值观都一样，然而平常没有觉察到的不同价值观，在疫情期间却凸显出来。我认识的朋友中，有一对对于疫情感染持完全不同态度的夫妻，丈夫不在意疫情依旧在外参加聚餐活动，而妻子则十分小心谨慎。结果，即使丈夫回到家中，妻子和孩子也不与他一起吃饭，丈夫要一个人在单间里吃。反之，关系好的夫妇，即使双方对病毒感染持不同意见，遇到分歧也能很好地协商，找到妥协点，并进一步加深对彼此的理解。现实生活中，既有这样相处融洽的夫妇（女性圆桌会议，2021年1月投稿），也有以新冠疫情为导火索即将离婚的夫妇（读卖新闻《人生指南》，2021年2月14日投稿）。

新型家庭暴力

随着这几年结婚数量的减少，日本整体的离婚数量其实也逐渐减少了。在日本，养育孩子需要一定程度上的经济实力。一旦成为单亲爸爸或单亲妈妈，随着家庭收入的减少，育儿也会变得更加困难。因此，很多家庭即使夫妻双方已经没有了爱情，但为了养育孩子也会勉强维持婚姻关系。尤其一直是全职主妇的女性，与男性相比，离婚后一边抚养孩子一边从事全职工作会非常困难，所以她们一般不会轻易选择离婚。

我在内阁府的"男女共同参与会议关于对女性暴力的专门调查会"中担任了约15年专业委员。从最近关于DV的数据倾向（见图1.2.1）来看，前往女性中心等专门机构咨

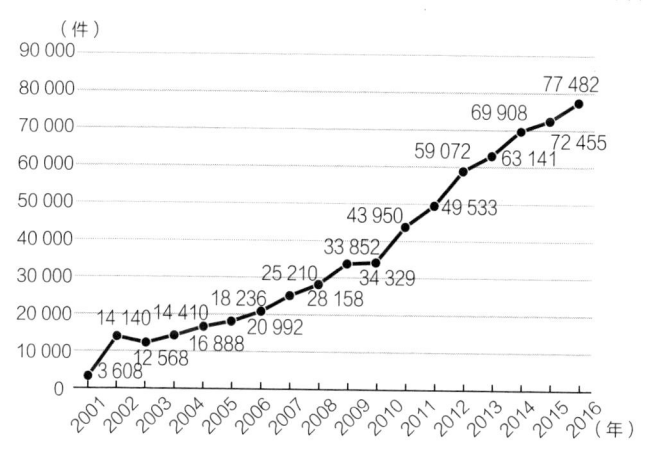

图1.2.1　日本警察局关于配偶暴力咨询案件的统计数量

资料来源：日本警察厅。

询的案件数量呈上升趋势。但是，从程度来看，她们往往尚未达到需要"保护"的地步。

"保护"（多数情况下）是指从丈夫身边逃出来，进入避难所等特定场所生活。目前来看，虽然关于家庭暴力的咨询数量增加了，最后实现"保护"的数量却没有增加。这一事实表明，很多女性即使在实际生活中受到了某种家庭暴力，最终还是会选择和丈夫一起生活。即使平时被丈夫口头谩骂，甚至偶尔被施暴，但考虑到分手后的经济状况，也不得不继续忍受现在的生活。也就是说，家庭暴力中被迫受害的一方不断忍耐，而实施暴力的一方却毫发无损安然生活，这就是现在日本家庭暴力的实际情况。

家庭暴力的加害者几乎都是男性，从丈夫的角度看，他们认为妻子即使逃跑也不可能自己独立生活，因此不断变本加厉。顺便说一下，欧美有多个国家允许 DV 受害者申请带薪休假，也有很多国家对加害者下达了从家里离开的命令。但在日本，因丈夫不断骚扰甚至追到妻子职场，以此为理由逼迫妻子辞职的情况也不少见。

为了改善这种状况，近期国家层面也开始认同未来不仅应该保护受害者，同时也要制定惩戒施暴者的相关政策。我参加的政府工作会议也在讨论今后采取怎样的惩戒机制约束施暴者，迫使其停止家庭暴力乃至离开家庭，但要落实具体的支援政策可能还需要一段时间（参照《男女共同参与会议DV专门部会报告书》，2021年）。

以前，我采访过的一位DV受害者女性说："我想熬到丈夫上了年纪卧床不起的时候，让他感受一下我的痛苦。"这位女性抱着总有一天一定要复仇的强烈憎恨情感，最终没有选择和丈夫离婚。

还有一个不太为人所知的事实，就是在日本几乎所有的家庭暴力保护设施中，逃跑的受害者都不能拥有手机。理由是为了屏蔽手机的GPS功能从而阻断加害者知道受害者住所的可能。但我觉得应该有更好的办法，比如切断位置信息功能，因为现在没有手机的话，就无法找工作。我也在推动改变这个规定，但在日本要想改变一个大家都默认的"规则"非常困难。恐怕有人会担心万一有时忘记关掉定位功能而被加害者发现尾随至保护设施地的话，会引发不必要的恐慌，不想有人为此而承担责任。因此，很多人认为，政府实际上对进入保护设施的人采取了严格的行动限制，这也是"DV受害者不愿进入保护设施"的主要原因之一（女性进入庇护设施的统计数量见图1.2.2）。

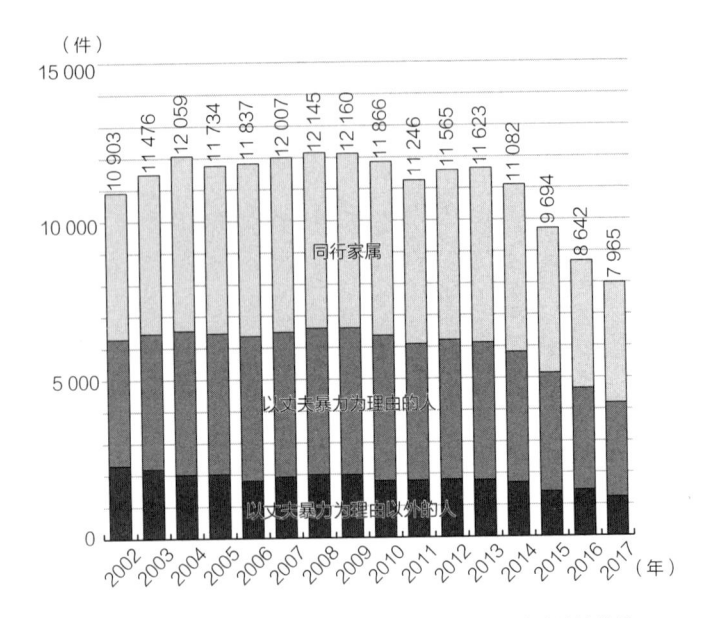

（件）

年份	数量
2002	10 903
2003	11 476
2004	12 059
2005	11 734
2006	11 837
2007	12 007
2008	12 145
2009	12 160
2010	11 866
2011	11 246
2012	11 565
2013	11 623
2014	11 082
2015	9 694
2016	8 642
2017	7 965

（同行家属 / 以夫暴力为理由的人 / 以夫暴力为理由以外的人）

图1.2.2 日本妇女咨询所关于女性寻求临时庇护的统计数量

资料来源：日本厚生劳动省。

正是由于这样的情况，实际上进入家庭暴力保护设施的人的数量非常有限。过去日本躲避家庭暴力的女性会去"缘切寺"，这是从江户时代开始就出现的一种合法救赎之道。也就是女性只要逃入指定的尼姑庵并住满三年，就可以自动离婚，丈夫不能再找女性麻烦。但是很多女性最后走上了从事风俗业的道路。如果在夜总会或风俗业工作，女性会得到比普通兼职更好的报酬，也不会被限制生活自由。在这样的场所中，有独立宿舍；有的地方甚至与保育所合作，让即使是有孩子的女性也能安心工作。这样的地方一方面确保了女性工作和生活，另一方面也阻隔了实施家庭暴力的丈夫的骚扰，被很多人认为是"值得信赖的地方"。

其实，上述很多女性不得不走上这样一条服务业道路的社会背景是，选择和什么样的男性成为伴侣，几乎是决定女性会度过怎样人生的重要因素。而男性则未必如此，无论出生在何种家庭，也无论结婚对象是怎样的女性，只要个人有工作能力，就可以赚钱生活。

女性由于要养育子女，很长时间内可能都无法回到正常工作状态，因此可以说配偶的社会立场、赚钱能力及性格等因素，已经决定女性处于什么样的生活水平了。在贫富差距不断加大的社会中，是选择和处于"上层"的男性结婚，还是和处于"下层"的男性结婚，人生会截然不同。离婚的情况也一样。与高收入有资产的男性结婚的女性，在丈夫提出离婚的情况下，可以得到巨额的抚恤金和财产分配。但是，如果是收入少又没有资产的丈夫，不仅没有抚恤金，而且可能连孩子的抚养费都难以得到。我们经常从新闻上可以看到关于男性离婚后不支付抚养费的报道，其实根本原因还是出现了越来越多经济能力下降乃至无力承担抚养费的男性。

而我们上述提到的夜总会等风俗产业，在日本，从某种意义来说，为无法依靠任何人的女性提供了另外一种经济来源和生活的选择，发挥了某种安全网的作用。即使是单亲妈妈，也能赚钱养家并生活下去。实际上，在日本经济低迷的这20年左右，在夜总会或者酒吧等地打工的学生也并不少见，她们从事的多为没有身体接触的工作。在父母收入下降的情况下，不得不选择时薪高的工作打工的学生也在增加。同时，近些年也出现了在"牛郎俱乐部"打工以支付学费的男生。可以看出，年轻人对于风俗业工作的认识，和昭和年代或者平成年代相比已经发生了很大的变化。流连于风俗店的不仅是单身男性，还有为了寻求某种满足感的"无性"家庭中的男性。从另外的角度来看，风俗店为无法依赖家人的女性和同样没有家人或者家中无地位的男性提供了一种属于自己的独特场所。

但是，突如其来的新冠疫情改变了上述状况。

2020年9月，我曾参加了政府主办的"男女行动企划会议DV专属会"，其中负责大都市部的行政官员也一并出席。在自由提问环节，有人问道："听说在大城市的夜总会等地发生了人员聚集感染事件，之后相关门店被要求自肃。我想问一下现在在那里工作的人们是什么状况？"行政官员听完后回答："目前还没有开展公共援助，但从女性援助的NPO（非营利组织）团体听闻最近接受的来自风俗业女性的求助较多。"

日本全国约有55 000家夜总会。不论是在"牛郎俱乐部"还是在夜总会的餐饮娱乐活动中，由于客人和服务生的距离较近，很容易发生飞沫感染。起初在那里工作的女性们，为了生活不得不一边担心被感染一边继续工作。但之后由于夜总会繁华街发生了多起疫情，政府和自治体开始要求晚上店铺停业或缩短营业时间。对于很多无法依赖家庭只能把风俗店作为她们最后的避身之处的女性来说，风俗店的关店或歇业使她们丧失了最后一根救命稻草，她们无疑会有种走投无路的感觉。

新冠疫情凸显的战后型家庭僵局

正如上文所述，在新冠疫情影响下，既存家庭问题进一步凸显。简言之，这是所谓的"战后型家庭"的尽头。在经济陷入困顿的同时，家庭中的爱情和其他感情也陷入难以解脱的境地。

所谓"战后型家庭"，指的是"二战"后日本普遍存在的一种家庭形态,即"男主外,女主内,共同奋斗实现富足生活"。而且大多数夫妻会在30岁之前结婚,生育2~3个子女,相伴到老迎接晚年。在上述家庭模式下,政府构建了相应的社会保障制度,统一了以建立上述家庭为目标会"幸福"的社会意识。这样的社会制度和社会意识的组合,被称为"战后型家庭系统"。

时至今日,这个被大家追崇的家庭系统无论是从宏观还是从微观角度看似乎都走到了尽头。宏观来看,继续维持战后型家庭对很多人来说是不可能的;从微观上看,大家也意识到维持战后型家庭也不一定能保证幸福。战后型家庭系统是在"二战"后建立的,伴随着经济高速增长形成的。但是,从进入平成年代(1990年前后)开始,这样的家庭系统已经在慢慢崩塌,进入令和年代后,2020年的疫情,成为摧毁战后型家庭系统的最后一击。

进一步从宏观视角来看,1975年左右经济高速增长期结束,社会开始出现结婚率降低,以及相伴的少子化现象。到1989年,人口总生育率降为1.57,震惊全社会,人们开始意识到少子化已经成为社会问题。仅靠家庭中的男性收入继续过之前的中流生活，似乎已经不现实了。此后整个平成时代都伴随着结婚率的下降与出生率的低迷。原因之一是年轻人收入相对下降、非正规雇佣增加，让家庭无法再如之前那样仅靠男性收入就能过上不错的生活。但是，日本的社会保障和税收制度又是基于"丈夫为正式员工"建立的，从社会意识上希望"结婚对象必须拥有稳定职业"的未婚女性只会增加，不会减少。这样的情况直接导致目前的年轻人中有四分之一选择终身不婚，而结婚的人中又有三分之一曾"离婚一次"。

2019 年之后，疫情进一步加速了这一趋势。2020 年，结婚数急剧减少，次年新生儿数也会大幅减少（见图 1.2.3）。我再次感受到，"**主要靠丈夫的收入维持中流生活的战后型家庭已经走到了尽头。**"

家庭内夫妻之间的爱情也同理，战后型家庭虽说大多数也是以爱情为基础建立的，但在夫妇二人的性别分工下，即使夫妻间的交流不多，也有维持婚姻关系的条件。

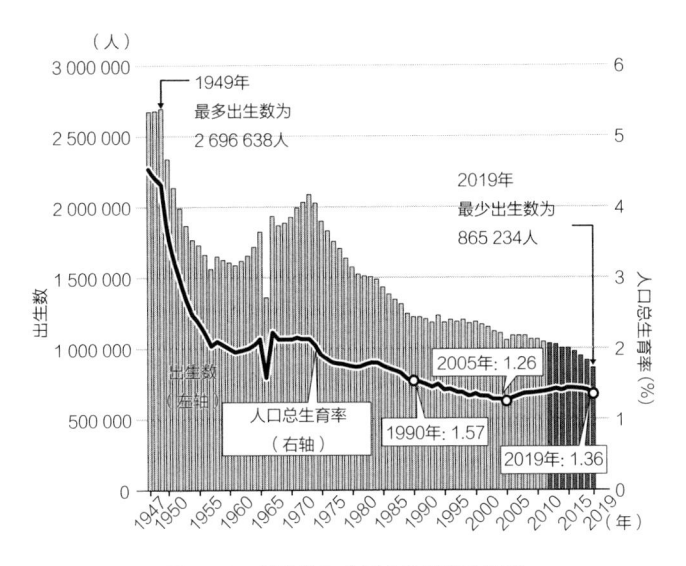

图 1.2.3　出生数与人口总生育率的变化

资料来源：日本厚生劳动省《2019年人口动态统计月报年计（概要）》。

丈夫挣钱养家是对妻子的一种爱，妻子在后方打理家庭也是对丈夫的一种爱。我把这样的家庭分工称为"爱情的角色分工"。

但是，进入平成时代，双职工数量不断增加，丈夫也参与家庭劳动，夫妻就会寻求另外形式的爱情交流。而且由于疫情，夫妻在一起的时间变长，围绕防止疫情感染的交流也必然增加。总之,夫妻之间的问题不能用"像空气一样,什么都不说也能明白"的默契来解决。比起之前注重性别分工,现在的夫妻关系更注重彼此之间真实感情的交流。

第二章

教育格差——父母差距的再生产

第一节 日本家庭教育态度的改变

支撑中流意识的教育

因新冠疫情扩大的另一个差距就是"教育格差"。

本章将探讨新冠疫情如何影响教育，进而对未来日本社会的"阶级固化"产生深远影响。

很多日本父母都会这样想，"希望自己的孩子在更好的环境中成长"，或者说，"不想让自己的孩子感到生活艰辛，尤其与周围的朋友相比，不想让他们过着低人一头的自卑生活"。其实这种想法来自日本社会中根深蒂固的"中流意识"。

到江户时代为止，日本一直延续着等级严格的身份制度，武士和贵族是在农民和商人等平民之上的阶层。而且这种身份几乎固化，无法改变，和印度的种姓制度一样，是子孙后代继承阶级身份的社会。

但是，明治维新后江户幕府倒台，明治政府为了早日构建近代国家，所推行的近代化改革政策中就包括取消身份制度。当时的政府一方面在户籍登记上仍然保留士族和华族的贵族身份，另一方面提出了"四民平等"政策。之后，由于"二战"战败，日本在驻日盟军总司令部（GHQ）的管理下制定了新宪法，成为民主主义国家。随后，日本实现了被誉为"东亚奇迹"的高速经济增长，并推行了一系列社会变革政策，使大多数国民认为自己属于"中流"阶层。只要每个人认真工作，就能结婚成家，拥有电视机、冰箱、洗衣机等家电产品，同时通过贷款也能购入自己的住房和私家车。也就是说，人们总有一天可以实现"中流生活"。这样一种生活蒸蒸日上的希望升腾在每个人心中。从各种舆论调查来看，1980年认为"自己是中流"的人超过了8成，最近虽然有下降的倾向，但"中流意识"可以说是日本人心中的一种标准化意识。

与此相对，在很多欧洲国家，社会上存在着明确的阶级划分。法国大革命等市民革命后欧洲诞生了近代民主主义社会，从表面来看社会提倡一切平等，但实际上仍然是阶级社会。例如，在英国，有上流阶级、中产阶级、工人阶级，不同阶级从服装到平常说话的用语都有明显不同。美国尽管不像欧洲那般，但根据社会阶层的不同，人们的职业、居住地、生活方式也存在明显差别。在这种国家的中产阶级家庭出生的人，自己也以标准的中产阶级生活为目标。在工人阶级家庭出生的人，也继续以提高工人阶级的生活质量为目标，快乐幸福地生活。

日本"二战"后，普通民众在一片贫穷潦倒中开始了新的生活方式。进入高速经济增长期后，大家都变得一样富裕，对于自己属于"中流"的认识也持续了很长时间，人与人之间似乎也不存在明显的"阶级"差别。对于不同阶层的人，即使语言和服装在外表上有些许不同（也有一些羡慕和歧视的认识，如"那家人很有钱""那一带的人生活很贫穷"等），但至少没有固定的不能跨越的"阶级"。大家都认为即使家里最开始购入的是轻型汽车，也终有一天能换成高级车,也就是说,现在乘坐高级车的人和自己其实属于"同一范畴"。

事实上,支撑日本人中流意识的根基正是"教育"。在《学问的要点》(1872年)一书中,福泽谕吉说:"上天不会造人上人,也不会造人下人。"同时在该书中,福泽谕吉断言:"钻研学问,勤奋努力的人会成为富人和贵人,反之,不学无术之人会成为穷人和下人。"也就是说,与过去身份决定论不同的是,如今已变为"学习的人会出人头地,不学无术的人会遭人歧视"。

因此,明治维新以来,**在日本,"学问"已经代替"身份"成了出人头地的第一护照**。即使出生在贫困家庭,也可以上公立的中小学,并努力学习升入好的高中,进入好的大学,毕业后就能在高薪的公司就职,可以从事医生或律师等工作。即使是不优秀的普通学生,通过在义务教育中掌握集体行为规范和"能正确地完成规定的事情"的技能,也能在经济高速增长的背景下到业绩增长的企业就职,进而获得满足日常生活需求的稳定薪金。但其实上述发展仅限于男性。

对于女性来说，如果有学历的话，认识高学历男性的机会就会增加，也能过上不错的生活，教育成了提高生活水平的重要机会。因此，到1990年为止，对于女性来说，"短期大学"作为结识高学历男性的学制很受欢迎。

到泡沫经济达到顶点的1990年左右，日本人基本认为过着"不错的生活"是一种理所当然的方式，中流意识已在全民心中扎根。反之，不能像普通大众一样生活被认为是一种"不幸"和"耻辱"，避免从正常轨道的生活中跌落下来成为大家新的奋斗方向。

家庭收入减少导致的学习格差

现在处于育儿一代，即1970—1990年出生的男女，从小生活比较富足，在父母身边顺利长大。他们生活的时期也是中流意识已经普及、经济高速发展的时期，现在他们已是30~50岁的中年人。换言之，这一代人的父母花了一定精力和金钱精心培育他们，如今他们进入了自己的育儿期。

最近，我无意中看到一份文部科学省的调查，感到很吃惊。这份调查是关于高中生家庭的校外学习费用，即关于孩子的补习班和家庭教师花费的调查报告。比起 2018 年每户家庭的校外学习费用，1994 年家庭在这方面的支出明显更多。

1994 年，公立高中有孩子的家庭平均每年校外花费为 204 387 日元，而私立高中则花费 302 419 日元。与此相对，2018 年公立高中校外费用为 176 893 日元，私立为 250 860 日元，平均减少 3 万～5 万日元。

从这个数字中能看到父母在孩子教育上花钱减少的现实。此外，调查进一步发现，有家教的家庭数量减少了很多。与补习班相比，家庭教师的花费更高，更需要殷实家境的支持。可能目前从整个日本家庭来看，用于孩子教育的支出都呈现大幅减少的特点。

实际上，在我工作的大学，30 年前一个班里有好几个兼职做家庭教师的学生（当时在东京学艺大学工作），但是最近几乎听不到这种传闻了。像在东京大学和京都大学这种名校的大学生中，从事兼职家庭教师的数量也在减少。

校外学习费中包括的体育、音乐、美术等"兴趣班"项目，同样也出现花费减少的特点。如此来看，在这25年左右，目前处于育儿期的父母花在校外教育的钱可以说减少了很多。其实，从这点也可以找到少子化趋势的理由之一。也就是说，现在的年轻父母一代，无法再像自己父母一样把更多的教育费用于培育子女。但是，每个做父母的内心想法又是为孩子提供更好的教育，正因为如此，很多人宁愿选择不生育。

从现在处于育儿期、40多岁的一代人开始，日本夫妇生育子女的数量平均已不足2个。**不能如愿生育孩子的重要理由之一就是育儿和教育均需投入金钱，但如果像自己小**时候父母那样投入，恐怕会直接影响生活的正常开支。

新冠疫情加剧的"教育力"格差

教育费不仅包括补习班费、家教费与兴趣班之类的费用，还包括为了升学的报名考试费、参考书费，以及为了学习购买电脑的费用等。如果一个孩子都能充分拥有这些，说明其所属的家庭还算比较富裕。在过去的20～30年里，日本家庭开支缩减的主要原因是经济整体的停滞，但2020年的疫情让家庭收入进一步减少，其结果也可能是扩大学生之间已有的学习差距。

例如现在，全国的大学为了防止新冠疫情蔓延，均以在线授课为主，但受制于电脑和网络配置等因素，有相关软硬件配置的学生与没有的学生之间已产生明显的差距。我所工作的大学同样采取了线上课程，也推出了向有需要的学生免费提供Wi-Fi路由器的服务。但对于家里没有电脑的学生，即使有路由器，同样无法参加在线课程的学习。我看到也有用手机联网上课的学生，但需要写报告或者与其他同学共享自己的演讲内容时，仅用手机就难以满足上述需求。我还听说有"与兄弟姐妹共用家里的一台电脑""在Wi-Fi免费的地方连接智能手机上课"等情况。可以试想一下，如果孩子没有自己的专属笔记本电脑，上课很不方便，做父母的心情恐怕很不好受吧。

日本政府从2020年3月2日开始到春假为止，向全国中小学提出了全部停课的要求。受此影响，全日本的学校都处于停课状态，这对教师和学校来说都是第一次，而停课期间不同学校的应对措施也有很大差异。例如，私立的初高中一贯制学校和国际学校等，早已建立并完善了远程教学系统，即使在停课时也能通过在线方式对学生们进行授课。因为这样的学校在新冠疫情之前就致力于ICT（信息通信技术）教育，学校已为每个孩子分发平板电脑和台式电脑，所以从学校到学生很顺利地开始了远程授课和学习。

与此相对，很多公立中小学停课期间的主要应对措施是下发一些电子版作业，让学生在家完成。尽管公立学校同样想推行远程授课，但并不是每个孩子的家庭都能拥有电脑和网络，而且也不是每个老师都可以顺利地使用电脑授课。即使有的公立校可以开启远程教学，但从公共教育机会平等的角度来看，在其他学校没有开展的情况下，他们也会犹豫自己的学校是否应该这样做。

在这样的背景下，中小学同时停课期间孩子的学习和生活方式，根据家庭的不同而产生了巨大差异。学校停课后，有的孩子每天在公园玩耍，有的孩子在此期间不放松学习，做补习班的作业，还有的孩子在网上学习，日久天长这些孩子的差异就会不断显现出来。这些差异在义务教育阶段的儿童中同样很明显。

亲子关系也发生了很大变化。新冠疫情后，开始在家中远程工作的父母不断增加，他们在工作之余同时能关照孩子的学习，孩子也能近距离观察父母的工作情况。很多孩子会有类似"哦，原来父母是这样工作呀"的感叹，这也是在疫情前不可能体会到的一种别样感受。但是，对于无法远程工作不得不继续到一线工作的双职工家庭来说，白天孩子只能独自一个人待在家中，与父母之间的关系也和上述家庭无法相比。

日本从"二战"后开始，大学的升学率持续上升。如上所述，每个父母都抱有"希望孩子能有比自己小时候更好的教育和学历"的愿望。现在 50 ~ 60 岁的这代人的大学升学率比之前大幅上升，当时的大学学费便宜也是重要原因之一。1975年，日本公立大学的学费是一年3.6万日元，从第二年开始学费直线上升，到1986年为止已增至约25万日元。即便一年学费为25万日元，如果靠自己努力打工的话，学生自己也可以勉强承担。但如今，2020年公立大学的学费（文科方向）已上涨到53万日元以上，第一年的入学金合计在80万日元以上，如果离开父母去外地上大学的话，再加上房租和生活费，将是一笔不小的开支。如果去理科的研究生院和私立大学的话学费会更高，因此对于很多普通家庭来说，同时负担2~3个子女上大学可能是一件很难实现的事情。

在这样的社会背景下，我们认为对于很多想让子女接受更好教育的父母来说，不愿意生育更多孩子也是一种理所当然的选择。因此，政府理应从多方面尤其是经济方面给予愿意生育子女的父母一定的帮助和支持（表2.1.1展示了日本国立社会保障和人口问题研究所第15次生育意向基本调查的结果）。

表 2.1.1 夫妻没有生育理想数

（多选：回答对象是计划生育

妻子年龄	总数	未生育理想数量的原因					
		经济原因			年龄或身体原因		
		养育和教育要花不少钱	影响了工作和家庭的平衡	房子较小	讨厌高龄生产	想生育但无法实现	其他健康原因
30 岁以下	51	76.5%	17.6%	17.6%	5.9%	5.9%	5.9%
30~34 岁	133	81.1%	24.8%	18.2%	18.8%	10.5%	15.8%
35~39 岁	282	64.9%	20.2%	15.2%	35.5%	19.1%	16.0%
40~49 岁	787	47.7%	11.7%	8.2%	47.1%	28.4%	17.4%
总数	1 253	56.3%	15.2%	11.3%	39.8%	23.5%	16.4%
第 14 次统查（总数）	1 835	60.4%	16.8%	13.2%	35.1%	19.3%	18.6%
第 13 次统查（总数）	1 825	65.9%	17.5%	15.0%	38.0%	16.3%	16.9%

资料来源：国立社会保障和人口问题研究所（2015 年）。

数字格差、交流能力格差、英语格差

新冠疫情发生后，世界各地都在思考如何创造和发展疫情下的"新经济"。例如，演唱会、体育赛事等聚集性活动

量孩子的原因（第15次统查）

量低于理想数量的初婚夫妇）

育儿负担	与丈夫相关的原因			其他原因	
不想再忍受育儿过程中的身体与心理负担	丈夫在家务、育儿方面也帮不上忙	希望最小的孩子在丈夫退休的时候可以成人	丈夫不想生育	没有宽松的社会育儿环境	希望能有自己的空间以及夫妻二人的生活
15.7%	11.8%	2.0%	7.8%	3.9%	9.8%
22.6%	12.1%	7.5%	9.0%	9.0%	12.1%
24.5%	8.5%	6.0%	9.9%	7.4%	8.9%
14.4%	10.0%	8.0%	7.4%	5.1%	3.6%
17.6%	10.0%	7.3%	8.1%	6.0%	5.9%
17.4%	10.9%	8.3%	7.4%	7.2%	5.6%
21.6%	13.8%	8.5%	8.3%	13.6%	8.1%

纷纷推出在线服务。除了必须到岗的一线行业，几乎所有的公司都大幅削减了上班人数，允许员工居家办公。

以东京为首的首都圈，疫情前的通勤电车在早晚高峰时刻人满为患，但2020年后受疫情影响，上下班的高峰拥堵状况已经缓解了不少。同时，很多公司在疫情后认为没有必要在房租高的城市设置办公点，并做出移居地方办公的决定，从而使仅在必要时去单位的人增加。而且，疫情前在很多公司内很难推进在线会议，但疫情后线上商务会谈已成为司空见惯的情形。相比特意花时间和通勤才能共同聚集在一个地方，这样的线上会议对于大家来说减轻了不少负担。类似这样的办公习惯，即使在新冠疫情结束后，可能也会继续推行，新工作方式已成为疫情后的新特点。

但是，如果工作方式改变的话，工作的人也需要变化。要适应新的雇佣和经济形势，传统型教育其实有其不足之处。

在经济高速发展的第二产业社会中，被雇佣者需要具备认真执行决定和完成分配任务的能力。曾有人认为日本的学校教育和军队管理一样，将培养人才的重点首先放在服从命令和听从分配上。

例如，在以制造业为中心的工业社会，即使是不擅长交流的人，只要能孜孜不倦地完成分配的工作，也能有一份不错的工作。但是，随着社会从工业型社会向以信息和服务为中心的第三产业中心社会变迁，社会更需要有较好交流和沟通能力的人。包括在求职过程中，我们也不难发现善于交际、沟通的人往往更有优势。因此，这样的人被称为"社交牛人"，能和很多人顺利建立关系，也更容易获得大家的一致好评。

在重视交流的信息社会中，工作更需要一些可能在传统教育中未被重视的能力。具体来说，**包括熟练使用计算机，会流利地使用英语或中文等语言的能力。** 在此基础上，能施展魅力展现自己想法的人、有着广泛领域的学识以及能敏锐察觉对方需求的人成为企业的新宠儿。

实际上，在大学生的求职过程中，"数字格差""交流能力格差""英语能力格差"正在不断扩大。学生时代掌握了上述能力的人和没有这些能力的人之间，已经产生了很大差距。一直以来，学校所重视的知识与技能，只要本人肯努力，即使出生在贫困家庭也可以很好地习得与掌握。尽管很多人都在批判学历至上主义以及应试选拔，但只要本人刻苦努力，就能进入好的高中、大学，乃至拥有一份好的工作。

然而，现代社会所重视的IT技能和实践型英语能力，仅靠学校教育是很难掌握的。也就是说，以前的学校教育体系其实是为了创造适合经济高速增长期工业社会的人才而构建的。

目前新经济所需要的工作能力，仅靠现在的学校教育很难拥有。如果成长在父母都会熟练使用电脑的家庭中，孩子可能自然而然地就会使用电脑；或者如果成长在父母都会英语的家庭中，孩子可能也会自然而然地掌握英语，尤其对于体验过父母在海外任职的孩子来说更是如此。与此相对，在与电脑和外语无缘的父母身边长大的孩子，在其长大后，不得不从零开始掌握这些技能。

因此，出生家庭的不同直接导致孩子掌握的IT技能和英语能力也有较大的差距。总之，现在产生的差距不是竞争的结果，而是由出生家庭所决定的。从某种意义来说，好像目前反而成了最接近身份制时代的社会。

第二节 父母的差距在孩子身上放大

新冠疫情凸显的父母差距

近些年，日本企业在新人招聘时越来越重视沟通和交流能力。

大约30年前，公务员考试只要通过笔试即可，面试几乎都是走过场。但最近，笔试成绩在考试中所占比重下降，面试比重提升，如果面试发挥不好的话被录用的可能性就很低了。而且，很多公司在招聘考试项目中明确列举了"沟通能力"这一条。如果应聘者只是一位"做事认真努力，但不擅长交际沟通"的人的话，那么他在就职活动中就可能无法展示自己，因此会出现即使参加了几十家公司的考试也没有被一家录用的情况。

学生慢慢地也意识到了沟通的重要性，但由于沟通能力与性格也有关系，所以其实很难在一朝一夕改变。也有学生由于勉强自己参加这种重视交流能力的求职活动而疲惫不堪，最后选择放弃求职活动闭门不出。而且，我最近听说日本各地都有专门指导求职面试的补习班。面试指导补习班的内容也紧贴当下招聘的热点需求，针对公务员、银行等不同单位的面试有着不同的面试建议，因此颇受青睐，只是费用不菲。

其实，如果是平常关注和了解社会动向的父母，他们早已注意到人际交往和沟通能力的重要性，会选择让孩子去国际学校或者有着优质教育资源的学校读书。过去我曾到某公立科学馆进行演讲，看到那里的儿童科学教室里，有很多年轻妈妈的身影。我猜这些年轻父母一定是为了培养孩子对于科学的兴趣而申请了活动，她们会很专注地看着教室里的孩子做科学实验。顺便说一下，这样的科学活动是免费的。

孩子的兴趣和专注程度在很大程度上取决于父母的熏陶和教育。例如在有很多书的家庭长大的孩子和在完全不读书的父母身边长大的孩子，在求知欲和好奇心上自然会产生很大差距。经合组织（OECD）的调查也显示，家里书的册数和孩子的学习成绩之间有正向关联。

说句题外话，我也是从熟人那里听到的。据说某大学毕业的女性和高中毕业的男性在恋爱结婚并开始一起生活之后，第一次发现彼此关注点的不同，那就是"喜欢的电视节目不一样"。男性是正式员工，平常也是一位认真努力工作的人，但爱看的电视节目都是搞笑艺人出演的综艺节目。而女性是从小喜欢看益智类节目和NHK新闻节目。有一次这位女性在益智类节目中说："这个答案，我知道。"丈夫听后崇拜地说："你知道得真多啊！"但可能对这位女士来说就是小菜一碟而已。

另外最近在日本，越来越多的人强调英语的实践性和应用性，很多学生从小就要开始接受纯英语教学。但是掌握语言和学游泳是一样的，无论你在榻榻米上怎么模仿游泳动作都学不会游泳；学外语同理，有英语的学习环境很重要。大多学校安排英语课的频率为一周两到三次，也就是一周两到三个小时，以这样的频率是不可能学好英语的。重要的是在日常的生活中学习纯正的英语。

如果父母在工作中经常使用英语，或者是小时候在国外生活过的人，他们的英语就有绝对优势。在英语环境中长大的人，会自然而然地在该环境中习得语言。

仅仅在最近 20 年左右的时间里，经济全球化急速发展，日本也受到了巨大影响。在很早就意识到英语的重要性和没有意识到的家庭之间，孩子的英语能力有着质的差别。在"会说英语是理所当然的"家庭里长大，孩子从小就开始接受双语教育；反之在父母自己连英语字母"A"都不会说的家庭里，甚至都没有人会意识到"英语的重要性"。那么这两个家庭的孩子之间的英语差距就会不断扩大。

在下一章中，我会讲到日本能够实现远程居家办公的人主要是在以 IT 企业为首的办公室工作的白领。而实际上，无法远程办公的行业同样数量众多。疫情影响下，仅有一部分家庭能让孩子接受充分的教育，还有很多家庭不得不减少孩子的教育机会。因此，可以说，**新冠疫情凸显了父**

母自身的差距对孩子教育的重要影响。未来我们不得不考虑如何减少这种教育差距。

小学四年级就可以定人生？

其实，早在新冠疫情之前，"教育格差"就已经悄然存在了。这15年左右，在东京、神奈川、大阪等城市的家庭中，以考取私立中学为目标的人在增加。对于收入较高的家庭，有的孩子甚至不去当地的公立学校，而是直接去私立学校。如果升入初高中一贯制的私立学校的话，6年学费一般要400万日元以上，是一笔不小的支出，即使这样选择私立学校的家庭仍然在增加。

几年前，我去过东京下町的一所中学，指导教育实习生。令我惊讶的是，那个班里，女生的人数几乎只有男生的一半。进一步询问老师后才知道，原来住在那个地区的很多女生的家长都把女儿送去了附近教育质量更好的私立中学读书。而听说这所中学里有很多不遵守校规的学生，父母打听后，可能会有"让女儿进这家中学会学坏"的想法。我也旁听了那所中学的课程，有好几个老师在教室里，听课的男生却依然在互相扔橡皮玩。而且能很清楚地听到课上不断有交头接耳的聊天声，但老师也不会生气，仍自顾自地讲课。我也会想，"如果是这样的上课状态，可能很多有条件的知识分子父母确实不想让女儿进来上学……"。

近年来，进入日本最难考的东京大学和京都大学的学生大多是初高中一贯制学校的毕业生。也就是说，决定"学历"的不是高考，而是小升初的考试。有条件的孩子从小学开始就为了考试去上各种补习班，最终进入初高中一贯制学校，考取名牌大学，毕业后也能顺利就职于大型知名企业或工资高的外资企业，成为社会"上层"中的一员。

从另外一个角度看，在小学四年级的时候，是否能上每月需要 5 万日元以上听课费的小升初考试补习班，在很大程度上决定了孩子今后的人生路线。这慢慢成为这代孩子的现实。也就是说，**父母的收入直接影响孩子所接受的教育，"教育格差"被再生产了**。照这样发展下去，可以预想到 10 ~ 20 年后社会阶层将会进一步固化。再极端地想，日本正在回到阶级社会的道路上。

这种情况也适用娱乐圈和体育界。很久以前，在不富裕的家庭环境中，同样可以诞生偶像和运动员。但是现在，从小开始接受稳定的训练已成为日后成功的必要条件。在日本，女性大多对结婚对象的期望值较高，希望找到比自己学历高的男性伴侣。如果女性自己是大学毕业的话，最低也要和大学毕业学历以上的男性结婚。如果是大学毕业的夫妇，他们对于孩子的期望也是"一定要上大学"。与此相对，高中毕业的夫妇没有实际体验到大学的具体好处。他们认为比起支付大学4年的学费，高中毕业后马上开始工作能更快地让孩子从父母身边独立出来挣钱，因而不希望孩子上大学的情况也很多。

在采访女大学生时，我注意到，这些年来，她们中的大多数人比起结婚对象的年收入，更追求"职业的稳定性"。以前有女性说"年收入不到1 000万日元就不结婚"，但这已成为历史。日本经济低迷已约有20年，对于处于适婚年龄即20～30岁的男性来说，能拥有高收入的人数数量在不断减少（参见图 2.2.1）。

根据某婚姻介绍所的调查显示，有半数的未婚女性希望结婚对象的年收入在 500 万~599 万日元，或者 600 万~699 万日元。但是从现实来看，令和元年（2019 年）日本男性（包括所有年龄层在内）的平均工资只有 540 万日元。从国税厅的民间工资统计调查来看，20~30 岁出头的人平均工

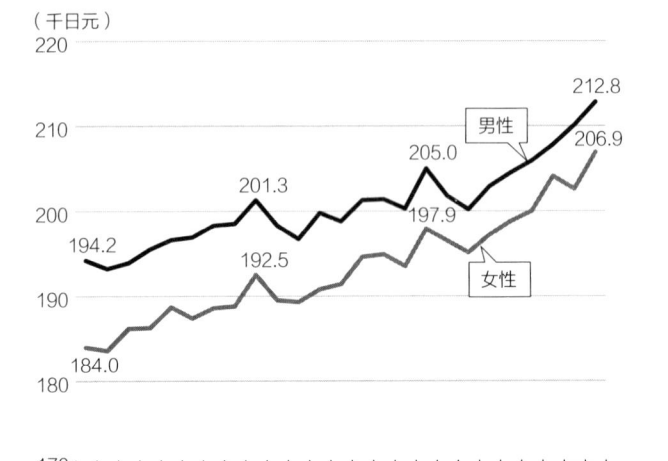

图 2.2.1　大学毕业后首份工作月收入的变化

资料来源：厚生劳动省《工资结构基本统计调查》。

资是400万~500万日元。首都东京和其他地区的工资有差异，但即使在东京，年收入在600万日元以上的年轻单身男性也只占所有参与调查男性的3.5%。

因此，经营婚姻介绍所的公司和负责组织相亲活动的自治体部门，对希望另一半有较高年收入的女性也会展示一些上述调查的结果并劝导她们适当降低条件。即使某位女性希望目标对象是"年收入600万日元以上的男性"，婚介所的工作人员也会问："如果出现年收入590万日元，但其他条件合适的男性怎么办？"，就是试图让对方降低期望年收入。因为如果不降低对年收入的要求，就几乎没有可以介绍的男性。

而且很多未婚女性对另一半的稳定性也有强烈的现实需求。比起年收入，她们对于男性的职业稳定性更为关注。近些年，欧美型的市场经济逐步渗透到日本企业，使其放宽了雇用限制，增加了许多非正式员工。比起并不稳定的非正式员工，类似公务员、银行职员等从事稳定职业的男性更受欢迎。很多年轻女性在结婚后也希望能继续拥有上一代那样的家庭生活，即"父亲外出工作挣钱养家，母亲负责家务照顾家庭，养育 2~3 个孩子"。如果选择和职业不稳定的男性结婚的话，那未来就有被裁员的风险，因此越来越多的未婚女性愿意寻找拥有稳定职业的男性。

在上述背景下，在有些从事婚介的事务所推出的网络匹配服务中，稳定职业的男性成了有利的"买方市场"。在不以结婚为前提的交友匹配应用程序中，男性需要支付一定费用才有相应的女性介绍给他们。与此相对，如果是以结婚为目标的"优质男性会员"，而且还有着稳定的正式工作和收入的话，就不需要支付会费；婚介所反而会从女方收取一定中介费。

教育格差导致的大学淘汰

在第一章中，我曾提到受新冠疫情影响，2020 年全日本的结婚数量、新生儿出生数量都大幅减少。2020 年 5—7 月的妊娠申报数量与前一年同期相比下降了 11%。2019 年，日本出生了 865 234 名婴儿。尽管 2020 年的速报值为 872 683

人，但确定值从历史最低的2019年开始仍进一步减少，预计最终为84万人左右。2021年的新生儿出生数几乎会跌破80万人，这种不断加剧的少子化倾向，即使新冠疫情结束后可能恢复一些，但从长期来看仍会不断增强。因为未来20～40岁的女性人口也会不断减少。

设想一下，如果新冠疫情影响下出生人数持续走低，这将在未来对日本教育产生怎样的影响，首先导致的将是十几年后全国大学生数量的锐减。出生于"二战"后1947—1949年第一次婴儿潮时期的"团块世代"，平均每学年入学超过260万人。包括他们的下一代（1970—1975年），每学年也有近200万人进入学校。如今，出生人数减少为约80万人，意味着年轻一代的规模是"团块世代"的三分之一。

这将对未来教育体系产生深远的影响，首先从出生4年后的幼儿园入园开始显现，慢慢地波及之后的学校。1957年出生的我这一代大约有150万大学生，而到2000年前后出生的现在大学生这一代不足120万人。也就是说，从"团块世代"的下一代人开始约30年时间内，共减少了80万大学生。与此相对，大学数量在1990年以后由于办学条件限制的放松而持续增加。1989年日本共有大学499所，30年后的2018年有782所，比原来的1.5倍还多。随着大学的增加，大学的可录取人数开始多于有意报考的人数，到2009年基本进入了"有意报考的人可全部进入大学的时代"。

而且，全国高校的定员人数为70万。受新冠疫情影响，出生率进一步下降后的高三学生人数不足80万，与目前大学的定员只有10万人左右的差距。如果再减掉高中毕业后去读专科学校的约19万人（2019年）的话，将出现参加高考人数小于可录取人数的情况。

如果18年后希望升入大学的高中生比例与现在相比，约为6成的话，相对于70万人的定员数，我们会看到只有42万人参加高考的情形。而且，如果再算上本章所述的教育差距的影响，到时候实际参加高考的人数比例可能也无法和现在同日而语，到底会有多少高中生希望上大学呢？现在就录取不够学生的大学，到那个时候，可能直接面临倒闭的境地。而像东京大学、早稻田大学、庆应大学这类的人气大学也应该比现在更容易考入。这可能对于考生是好事，但他们也要面临自己上的大学人数不断减少的现状。专科学校可能要面临更为严峻的现实。**总之，新冠疫情加速了少子化，对国家未来的教育同样会产生决定性的影响。**

着眼于这样的未来，我想在本章的最后介绍一下前人关于"教育"的解读。

"当你把在学校学到的东西都忘掉后还剩下的东西，就是教育。"所谓教育，是指无论在任何情况下，都要保有一颗对知识的好奇心。虽然这句话听起来有点儿讽刺，但也是对于教育最本质的揭露。这就是20世纪提出相对论的物理学家阿尔伯特·爱因斯坦（1879—1955年）的名言。这句名言我想即使经过漫长的时间，也会被当作经典流传下去。每个人都需要认真想一想，教育究竟是什么，一生的学习该如何进行。生活在如今这样一个贫富差距不断扩大的时代，更需要一种智慧的选择。

第三章

工作格差——中流跌落的加速化

第一节　不断凸显的三个格差

新冠疫情悄然间进一步扩大了平成时代已然存在的"工作格差",主要包括以下三方面:

一、在新数字经济中工作的人和在传统制造业与服务业工作的人之间的差距越来越大。前者可以远程办公,即使受到疫情影响也不会有任何损失。据说在美国,产生了被称为"远程阶级"的人。他们受疫情影响减少了很多通勤时间,工作也变得轻松,但收入丝毫未减。而后者由于从事的是传统制造业与服务业,不容易提高生产率,加之疫情造成客户需求急剧减少,收入也随之减少,生活苦不堪言。

二、拥有资产的人和没有资产人的差距也在扩大,这是法国经济学家托马斯·皮凯蒂提出的观点。在物价不上涨的情况下,持有金融资产的人和没有金融资产人的差距会拉开。例如,即使疫情影响工作,但持有股票的人如果收益不错可以继续增大资产价值，而仅靠劳动维持生计的家庭则会面临非常困难的局面。并且，在普遍开展远程工作的情况下，住宅环境的不同也会带来不同程度的工作差距。

三、不同行业之间的差距进一步扩大。比如这次受疫情严重打击的旅游业和餐饮业，这些产业由大量的"非正式员工"组成，具有巨大的脆弱性。另外，与"抗新冠能力强"的制造业和金融业不同，很多中小企业也将面临严峻挑战。在这样的环境下，公司经营者更加苦不堪言，不得不减少非正式员工的工作或者解雇部分员工。在2008年金融危机中，主要受影响的是从事制造业工作的男性派遣员工，而现在受影响最严重的是从事餐饮业和旅游业的人。而且，一些国家公布的调查也表明，这次疫情下女性失业比男性更显著。正式员工与非正式员工本身就存在的差距，在疫情下被进一步扩大并受到关注。

然而，这三个差距其实在平成时代就已开始，只不过疫情使其进一步加速并凸显出来。接下来，我们必须思考的问题是"我们该怎么办"。

第二节 一线工作者的窘境和远程工作者的春天

一线工作者和远程工作者

因新冠疫情而变得家喻户晓的词语包括"一线工作者",具体是指在日常生活中直接从事现场工作的人(多指操作现场),具体如医疗和护理人员、超市和药店销售员、运输业和公共交通业工作的人、垃圾收集员和邮递员,以及政府机关职员等。这些职业具有"特定时间只能在特定场所工作"的特点,直接面临新型冠状病毒感染的风险。

此外,"远程工作者"也在疫情后迅速走红,具体指不是必须去特定场所才能工作的人,这些行业的人即使不上班也能在家里工作。疫情使这两种职业的不同进一步凸显出来,两种工作者未来可能也会继续采用不同的工作方式。这两部分人群的"工作格差"会进一步扩大。

如前所述，由于疫情的影响，"中游跌落"现象不断在日本加剧，人们的生活从"中游"跌落到"下游"的原因是收入下降和失业。**如果这种差距进一步扩大的话，收入和生活差距也会不断扩大。目前处在中流的人也存在不能继续维持现有生活的风险。**因此，在本章中，我想详细地讲一下新冠疫情加速影响下日本的"工作格差"。

疫情后，"远程工作""居家办公"等工作方式很快普及到社会各行各业中（见图3.2.1）。很多人实现了在家工作的生活方式，不论会议还是商务交流都可以通过电脑或者平板等设备来进行，这极大地减少了通勤时间，受到了很多白领的欢迎。

2021年1月，有报道称，日本规模最大的广告公司电通正在考虑出售位于东京汐留的总公司大楼，其主要原因是疫情造成的广告收入减少，让公司无法持续支付在市中心黄金地段办公楼的各项费用。另外还有很多中小企业与电通一样，有很多工作可以实现远程办公，因此都在考虑缩减地价昂贵的东京市中心办公室的面积。

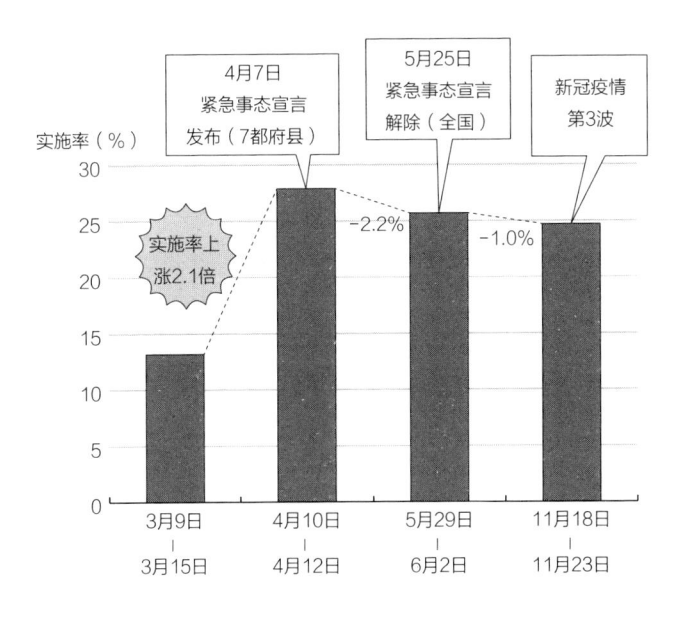

```
实施率（%）
30 ┤         ┌─4月7日─┐    ┌─5月25日─┐  ┌─新冠疫情─┐
             紧急事态宣言     紧急事态宣言     第3波
             发布（7都府县）  解除（全国）
25 ┤            28         -2.2%  26   -1.0%  25
   实施率上
20 ┤ 涨2.1倍
15 ┤
   13
10 ┤
 5 ┤
 0 ┴  3月9日    4月10日    5月29日    11月18日
      ｜        ｜         ｜         ｜
      3月15日   4月12日    6月2日     11月23日
```

图 3.2.1　远程工作实施率的变化

资料来源：PERSOL 综合研究所《第 4 次新冠疫情政策对于远程办公的影响调查》。

实际上，对于员工来说，没有必要每天花一个多小时乘满员电车上下班，在家里同样能完成既定的工作。以疫情为契机，之前住在东京都内和近郊的人开始移居到地方，每月只坐几次新干线去总公司上班的人在增多。

还有一部分学生也希望即使疫情结束后也可以远程上课,生活周边到处都能听到"远程工作也能充分开会和进行商谈"的宣传。我想这样一种新的工作和学习方式可能在未来也会以某种形式固定下来。

近年来,日本社会出现了很多"工作过度"导致的过劳死和职场的心理健康问题,这也是2020年远程工作被迅速推广的原因之一。政府希望各企业合理推进的工作和生活平衡的"工作方式改革",没想到由于疫情迅速实现了。

一线工作者的窘境

随着远程工作的普及,人们慢慢发现工作中存在"新的格差",那就是"可以远程的工作"和"无法远程的工作"之间的差距。

在餐饮业、游乐园、主题公园、观光旅游等服务业工作的人,就属于无法远程工作的人。另外,还有一些需要高度专业知识和国家资格的行业从业者无法远程作业。比如说,医疗领域就是其中之一,从事医生、护士、护理助手、护理设施等工作的人，他们要亲自照顾病人或提供护理服务，自然不能远程工作。人们为了从事医生、牙科医生、兽医等专业的医疗工作，不仅要在大学的医学部、兽医学部、牙科学部苦读很多年的专业知识，还要通过一系列国家考试才能上岗。很多人以进入这些领域工作为目标，预期未来可拥有高收入、较好的社会地位及稳定收入等，但是疫情也动摇了这些专业人员的稳定性。

2020—2021年，新冠病毒感染者数量的增加，一方面引发了很多人对于"是否会引发医疗挤兑"的担忧；另一方面，人们为了减少感染风险而选择不去医院看病，很多医院一时出现了门庭冷落的现象。即使身体有点不舒服，人也不去医院，是为了降低"感染新型冠状病毒的风险"。不仅如此，之前习惯定期去医院检查身体的老年人也选择不去医院。因此，很多医院少了患者的问诊，收入直线下降。日本医院会、全日本医院协会、日本医疗法人协会三个团体于2020年6月5日公布的"新冠疫情下医院经营状况紧急调查"的追加报告中，明确指出由于新冠疫情的影响，全国约三分之二的医院出现了赤字。尤其是在东京，约有9成医院由于接收新型冠状病毒感染者而陷入赤字，到2020年4月为止，医疗利润率已经下降了近3成。如果疫情继续，预计会引发一波中小规模医院的关门潮。

远程工作者的春天

远程工作为金融证券业人员、咨询业人员、文字工作者和信息技术人员等带来了很大的好处。与此相对，远程工作对于以接触别人或直接见面为前提的护理服务、建筑业、服务业、制造业、卡车运输业等则毫无益处。其实，能远程的工作和无法远程的工作，在"提高生产率的可能性"上也有很大差别。比如，护理、制造、运输等领域的工作，基本上很难大幅度提高生产率。一个护理人员能服务的老年人人数，一个工厂的生产线能制作的产品数量，一台卡车能搬运的行李重量，即使再有技术革新，也不会突然增加2~3倍。但是，远程工作中也可以交流的"信息"类业务则有很大不同。最简单易懂的例子就是家庭使用的电视游戏。以前的电视游戏，需要在 ROM 盒式录音机和 CD 等具体的"介质"中存储程序数据并销售，但是最近出现了很多能够在线购买的数据和应用程序。游戏制造商只要在游戏中制作了程序，他的业务就基本完成了。因为只需复制数据并在线发布，几乎不用花费任何成本就能将商品送到大多数买家手中。可以说，无论生产多少都可以销售。**也就是说，"附加价值高"且"复制成本极低"的信息产业，其生产率在以远程工作为中心的时代有了质的飞跃。**

实际上，即使在疫情下，谷歌、亚马逊、脸书（Facebook）、苹果等 IT 巨头也取得了很大的收益。以在线观看电影和电视剧为主的网飞（Netflix）服务也因疫情居家而被世界各地的人接受和订购，一下子购买率激增。这样的公司甚至给员工发出了史上最高的奖金。另外生产居家就可以使用的娱乐产品和兴趣爱好类产品的公司销售额也在增长，据说法国高级音响在居家期间非常畅销。

同时，疫情还为类似 ZOOM 等以提供电视会议系统和远程工作系统为主的 IT 公司带来了新的春天。东京都内的大学、高中，从老师到学生都在不同程度地使用在线系统进行教学或学习，在线会议系统的用户量迅猛增加。还有以保护线上安全为主的数据安全公司，在此期间也实现了业绩的大幅增长。

资产持有者与无资产者的割裂

新冠疫情开始后不久的2020年6月，美国新闻频道CNN报道了一则有趣的新闻。美国智库的政策研究所表示："在过去的3个月里，美国富裕阶层的资产增加了5 650亿美元"。在美国，同样由于新型冠状病毒的迅速扩散，很多人受到了经济上的冲击，然而这则报道显示一小部分富裕阶层的人的资产反而大幅增加了。

自新冠疫情以来，富裕阶层的整体资产总额增长了19%，达到3.5万亿美元，而该国每6名劳动年龄的国民中就有超过1名，总共约4 300万名工人因新冠疫情失去工作，申请失业补贴。在"居家不外出"的情况下，人们纷纷使用网上购物平台，美国最大的互联网购物公司亚马逊CEO

杰夫·贝索斯的资产，从2020年3—6月增加了362亿美元，总额变为约18.5万亿日元，创下了历史最高纪录。

与处理网络云服务相关的业务也有了较好发展，在2021年年初备受瞩目。美国微软于2021年1月发表的关于2020年10—12月的月度决算显示，该公司纯利润与去年同期相比增加了33%，达到154.63亿美元，创造了"史上最高季度利润增长纪录"。因此疫情可能对原本就拥有资产的人来说是一次增加财富的绝好机会，从而进一步加大了他们与没有资产的人之间的差距。

富裕阶层资产增加的另一个原因与股市有关。新冠疫情对实体经济造成了很大影响，却使股市有了较大增长。在美国，由于联邦储备委员会采取了大规模的金融缓和政策，市场上很多资本流入了股市，纳斯达克的平均股价也达到了历史最高值，投资股票的人赚了很多钱。日本在2021年2月的时候，日经平均股价也恢复了3万日元，出现了超过30年前泡沫经济股价的状况。虽然我不是经济专家，但我认为是很多无法用于消费活动的钱流入了股票市场，才引发了股票市场一片利好。

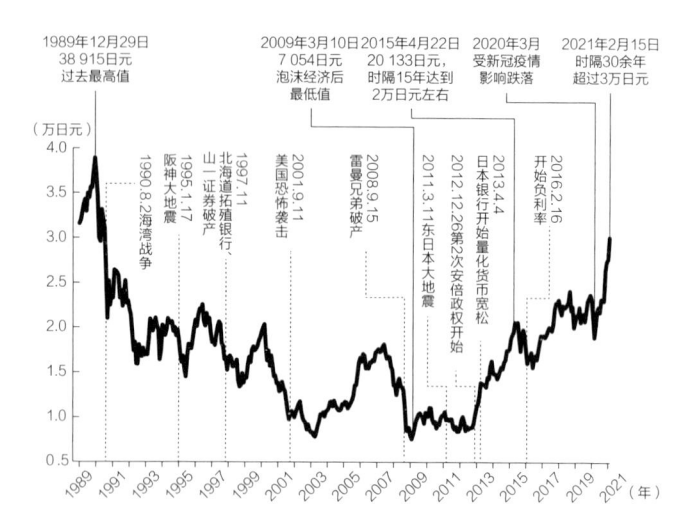

图 3.2.2 日经平均股价的变化与大事节点（股价比较以收盘价为基准）

资料来源：朝日新闻早刊 2021 年 2 月 16 日。

金融资本主义已在全世界普及，实体经济和金融经济背离，两者之间也出现了越来越大的差距。尽管人们早已发现这一问题，但疫情进一步扩大了这种差距。经济学上有一个词称作"涓滴效应"，富裕阶层公司里的员工可以坐享红利收益，不断地增加和积累自己的财富。

随着远程工作的普及，富裕者和贫穷者之间的差别由于

"行业的不同"而进一步凸显。拥有编程等IT技能的人可以不受工作场所约束，继续增加资产，但如果是一直从事体力劳动的人，即使想转行进入编程等IT行业，也是非常困难的，因为这些行业需要员工掌握必要的高级知识和技能。因此，疫情后美国将这样的人员称为"远程工作阶级"也不难理解，而且这样的称呼在日本社会中也适用。

新冠疫情就这样加深了"资产持有者"和"无资产者"之间的分裂。美国于2020年秋天举行了总统选举，时任总统共和党的唐纳德·特朗普败给了民主党候选人乔·拜登。在该次选举中，两个阵营的支持者激烈对立，选举后的2021年1月，特朗普的狂热支持者大举闯入美国议会大厦，造成一片混乱，甚至出现伤亡。这对整个世界也带来了巨大的冲击。

对于新冠疫情，两党支持者的应对态度截然不同。特朗普的支持者主张"新型冠状病毒只是感冒的一种"，他们中也有不少人拒绝戴口罩，这也是疫情在美国国内蔓延的原因之一。长期以来，在特朗普总统所属的共和党支持者中，有很多是中小企业的经营者、律师、会计师等独立的个体经营者。比起抑制感染的扩大,这些支持者中更多人主张应该优先恢复经济。在日本,在 IT 界取得成功的风险企业经营者和从事经营顾问的名人中有几人曾在推特(Twitter)上留言道:"死于新冠疫情的几乎都是老年人,所以年轻人不应该改变既有生活,要搞活经济。"当然,他们如此认为的背景是,其经济活动和日常生活完全没有受到新冠疫情的影响。

相比之下,从事医疗、护理、零售、饮食、运输和交通等维持人们生活不可或缺的行业的"一线工作者",反而极大地受到了新冠疫情感染范围扩大的影响。尽管这些行业的工作者周边出现了很多感染者、死亡者,但仍然不得不继续工作。据说在这次美国总统选举中,民主党的拜登支持者中有不少人从事这样的职业,包括很多住在城市里的黑人阶层。新冠疫情不仅直接扩大了经济方面的差距,而且同时也给人们的"价值观"和"生活方式"带来了极大的分裂。

远程工作的弊端

话题还是回到日本。

上文中已提及远程工作的优势，但是它也有不足之处。比方说如果工作的人生活在一个狭小的屋子里，其实也无法舒适工作，可以说居住条件的差异直接影响家庭关系和工作体验。

一项调查显示，远程工作最受惠的是独居生活者。据说凡是有子女的家庭，尤其在 2020 年的紧急事态宣言让学校相继停课后，承受了相当大的压力。我还听说有的家庭中双职工夫妇和正在找工作的大学生孩子都在家中办公、学习。这导致疫情期间可能会发生孩子父母同时需要进行在线会议的冲突，家中陷入一团乱。还有人倾诉道："在狭小的房子里，三个人各自在线对话，吵得不得了。所以，我必须选择去咖啡店或者书店办公。"

由此可以看出，即使家庭构成相同，家庭面积的不同也会带来新的差距，而且这一差距并不能被轻易解决。在 2020 年前，谁都没有预料到居住环境对工作和生活会有如此大的影响。而在东京，很多四口之家住在约60平方米的两居室公寓。疫情前，多数中产家庭的工作和生活井然有序，但在开始远程工作和在线授课后，开始暴露出很多"不方便"和"不足"。也就是说，远程工作普及前，大部分中产家庭处于工作和学习方面较为"平等"的环境下；然而远程工作普及后，反而凸显了不同家庭的生活差距。

另外，疫情期间居家的时间增多，而如果一直处于空间较小且变化很少的家庭里，也会产生一种与职场不同的压力。长期居家，来自外部的刺激减少，运动量同样锐减。这不仅对远程工作的正式员工有着较大影响，对于兼职和打工者来说同样也有较大影响。例如，对于每周参加几次兼职的主妇来说，兼职的那段时间不仅是维持生计的方法，也是一个可以缓解家务和育儿压力的机会。我之前说过，酒馆和夜总会对世界上很多丈夫和男性来说是放松的场所，用流行的语言来说是"第三空间"（参见图3.2.3）。同理，对于很多在职场工作的人来说，与同事或打工伙伴见面和说话也是一种舒缓压力的方式，然而疫情却无形中打破了这种放松，给人们带来了精神上的伤害。

说到远程工作，在酒馆和夜总会等接待客人的生意中，开始出现以"网上喝酒"为卖点，让客人能在家里一边喝酒一边和画面上的女性聊天的服务。这样的服务一时也成

（"经常去"，"偶尔去"的合计）

夜总会、俱乐部

2020年1月
已婚者6.7%
独身者8.9%

2021年1月
4.9%
7.6%

性风俗店

2020年1月
4.3%
11.0%

2021年1月
5.6%
10.3%

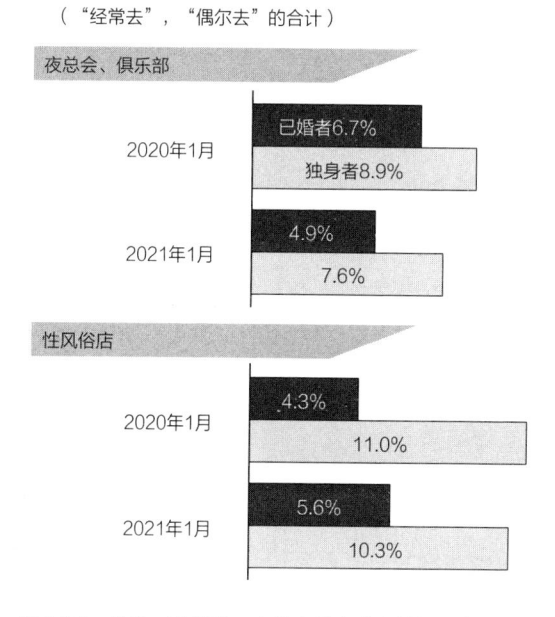

图3.2.3 独身、已婚者、去往夜总会或者性风俗店的占比

资料来源：2021年2月调查，共调查20～59岁独身男性554名，已婚男性646名，委托乐天洞察（Rakuten Insight）调查公司调查，科研项目号20H01581，项目名为关于伴侣亲密关系变化的实证调查。

了热点话题，不过，紧急事态宣言被解除的话可能就无人光顾了。对于晚上喜欢去店里喝酒的男性客人来说，去那里不仅是为了喝酒和与女性说话，更多是为了感受非日常的自由空气。如果只是在家里，还愿意付钱和俱乐部女性在线喝酒的男性，应该也没有那么多。实际上，夜总会等地最近的客流量好像回升了。在我正在进行的试点调查中，与 2020 年 1 月相比，去夜总会和俱乐部的人的比例有所减少，但变化微不足道。从这个数字可以看出，人们无法抵制在外面发泄压力的诱惑。

远程工作的普及对工作的人来说还有其他弊端。其中之一就是工作评价偏向"看得见的成果"。在网上，上司看不到部下工作的样子，因此，很多公司越来越倾向只以数量和成果表现等工作实绩来评价每个人。其结果是，在新冠疫情之前被评价为"职场人际关系调整角色"的员工，目前陷入了完全不被评价的状况，他们本来是通过改善气氛提高大家的工作效率，属于"无形贡献"类员工。

同时，远程工作也产生了工作时间难以量化的问题。在家里工作的时间难以计算，工作的开始和结束都变得模糊，很多人抱怨远程工作其实反而延长了工作时间。长期以来，人们的工作方式是在公司"工作"，每天大概花1小时左右通勤到达公司开启工作模式，下午工作结束后离开公司就恢复了自由。这样的时间循环渗透到了每个工作者身体的细胞中。但是远程工作实施以来，自己的家变成了职场，反而好像开始了无止境的工作，或者相反完全失去了工作的干劲儿，有的人甚至白天就开始偷偷喝酒，类似的"远程不工作"的人也在增加。

作为雇主方，比较担心的是引入这样的远程工作机制，可能会造成员工生产力的下降。因此，随着新工作方式的普及，很多公司也在探索新的管理方法。

其中之一就是尝试建立员工的"远程监视"机制。例如，有公司计划引入"一眼就能掌握远程工作员工的工作状况"的IT服务。这种服务被誉为"有效针对远程工作后公司业绩下滑的最佳管理辅助服务"。系统可以通过电脑摄像头自动识别员工的面部信息，自动记录员工坐在电脑前的时间和工作影像。而且工作画面也同时被自动录制,并防止信息泄漏。系统会不定时地将员工的工作状况推送至领导的服务器上。这样的监控还可以防止员工在工作中阅览无关的网络服务等,完全实现居家工作的"可视化"。

另外,还有几项 IT 服务同样可以远程监视居家办公的员工,使用这样 IT 服务的大型企业也不断在增加。确实,从支付工资的经营者的角度来讲,他们希望居家办公的员工同样有工作的紧张感,想让他们集中精力工作,这是可以理解的。但是从远程工作员工角度来看,在家的时候被监视"是否偷懒",无疑会产生压力和不满。尤其想到上司会通过远程的方式进入自己的私人空间,反而会增加压力降低生产效率。

远程工作不需要见面,但有的时候彼此的想法也很难得到及时沟通,这也是一大弊端。尽管大家会用邮件和线上交流软件进行沟通,但碰到的问题时可能见面沟通效果更好,不见面沟通容易引起一些不必要的麻烦。而且,随着远程工作的普及,网上也出现了关于"远程骚扰"这种新型职场骚扰的报道。例如，在线上会议中，上司和同事容易对其他同事家中孩子发出的声音表现出不愉快。另外，公司领导很自然地认为比起线下会议，线上会议更容易调整时间，可能会随意增加会议频率，包括增加一些在远程工作导入前不会组织的商谈等。这也对很多人造成了较大困扰。

如此看来，远程工作也不是绝对的好事。现在日本企业正式引入远程工作的日子还很短，处在试用阶段的公司很多。目前，距离建立一种员工和雇主都没有太大压力的远程工作方式还有较长的路要走。

此外，如果远程工作就这样固定下来的话，对孩子们未来的职业观也会产生很大影响。看到父母在家里对着屏幕用英语和外国人交流的孩子，自己将来也想像父母一样一边熟练地使用外语一边在网上工作吧，毕竟这是一种耳濡目染的影响。反之，父母如果在不能远程工作的行业中工作，孩子很难看到父母工作的样子。因此，这两类孩子对未来工作的感觉，会有很大的不同。

远程工作的推进也会改变人们对住宅和土地的看法。到目前为止，在日本的地方城市，年轻人从当地的大学和专科学校毕业后，在东京、大阪、名古屋等大城市的总公司就职赚钱，是获得"中流生活"的一种选择。但是随着远程工作的普及，人们对于"出了学校就去大城市赚钱"的动力会下降。这次的疫情反映出的一个事实是"人类密集生活的城市应对疫情的能力其实很弱"。实际上也是如此，新冠疫情引发感染的重症者、死亡者大多也集中在东京、大阪等城市。如果能一边在地方生活、一边远程工作赚钱的话，很多人可能就会避开在容易感染疫情的大城市和容易有地震灾害的城市生活。

话虽如此，离开大城市去地方生活也不是轻易就能做到的。毕竟大城市工作机会多，也有人愿意继续住在大城市。未来可能会出现"会远程工作的人"移居到城市近郊的乡下，"无法远程工作的人"继续留在城市生活的情况，城市和地方的人口结构可能会重组。关于这一点，我想在下一章的"地域格差"中进行详细论述。

第三节 观光业与餐饮业的胜负实况

关于新冠疫情带给不同行业的影响，我想最后提及。虽然因新冠疫情而业绩下滑的行业有很多，但其中最遭受毁灭性打击的是近年急剧增加的以海外游客为服务对象的旅游观光业。

新冠疫情前，东京、大阪、京都等大城市随处可见很多外国游客，但从2020年4月左右开始访日游客急剧减少。由于入境需求消失，酒店、航空业等也处于非常严峻的状况。

由于大部分人为了防止感染而避免与他人接触，餐饮店、休闲产业、主题公园等也受到了很大损失。还有因为与人见面的机会减少，化妆品和服装等以"被别人看到的意识"为前提的商品群的销售额也在急剧下降。

当然，有陷入困境的行业，也有保持业绩，甚至销售额还在不断增加的公司。从宾馆来看，依赖入境需求的场馆面临着非常严峻的状况,但是在面向日本人富裕阶层开发的符合减少接触需求的温泉旅馆等,却十分火爆,有的需要提前好几个月预约。因为不能去海外旅行,很多有钱的中老年人都选择在国内享受休闲时光。

另外,从2020年秋天到2021年2月,年轻人团体预定高级酒店和高级旅馆的情况增多。比如原本计划去海外毕业旅行的大四学生,会选择把积攒的旅行费用于平时不太消费的项目。我还听说过有的人租下市中心的高级酒店套房举行毕业派对。这些年轻人一般也不会入住商务酒店,只是作为一种"纪念"体验一次,并记录在各自的照片墙(Instagram)上。当然,组织这样活动的学生基本都定好了工作,他们与尚未找到工作的其他同学之间的差距已悄然显现。

在根据疫情防控的要求缩短营业时间的餐饮界,也有一些店铺还能不断创新,创造新的消费动力持续赚钱。例如,某老字号的高级烤鸡店,由于店铺的销售额不断下降,就新推出了一套可以实现自己在家烤肉的迷你炉灶和烤肉套装，包括搭配的酱汁和使用的炭火。这样的套装受到了很多人的欢迎。不断地从日本各地发来的订单，使这家烤鸡店以新的销售方式赚了很多钱。像这样能够在新冠疫情中开展新业务的企业，我想他们在经济危机下也会顽强地生存下去。

相比而言，受疫情影响，经济弱势群体受到了较大打击。政府也只在2020年向全体国民发放了一次10万日元的补助金，但这只是杯水车薪，构建面向失业者的持续救助机制才是当务之急。

还有一个有意思的情况。截至2021年1月，疫情死亡人数超过5 000人，但2020年日本整体的死亡人数与上年相比有所减少（根据速报值2020年有1 384 544人，2019年有1 393 917人）。因为很多人加强防范新冠，所以无形中感染流感病毒的概率也大幅降低。还有如果不出门，闷在家里的话，夏天因中暑而死亡的人也会减少。疫情以来，大家都比较在意健康问题，所以死亡人数整体在减少。

但是，日本的新冠疫情感染人数仍在持续增加，死亡人数达到 7 616 人（截至 2021 年 2 月 24 日）。从过去多次发生的世界性疫情发展可以预测，新冠疫情的流行终究也会在几年内结束。那个时候，由于疫情流行而扩大的经济差距已经固化，我们究竟是要面临未来几代人都无法摆脱的差距社会，还是要构建只要工作就能实现稳定生活、衣食无忧的社会，这取决于我们每个人的社会意识。

第四章

地域格差——地域再生的生命线

第一节 大城市居住的悖论

地域格差的扩大与大城市居住必要性的降低

其实,从平成时代开始,地域社会各方面的差距已经在慢慢扩大了。早在昭和时代,提到地域社会,还包含共同体的意思,处于共同地域社会的人一起工作、生活,人们之间的联系是紧密的。但是,平成时代后社会发生了很大变化,具体表现如"人与人之间经济差距的扩大""科学技术、交通和通信手段的发达"等,这些都极大地改变了地域社会的本身意义。

首先,让我们来看看具体有哪些地域差距。在人口减少的背景下,东京"一极化"愈发突出,个别地方出现了"消失的自治体"一词。人们不断向大城市集中。久而久之,人口不断增多的大城市和人口不断减少的地方之间的差距越来越突出。同时，在大城市和地方内部，也出现了富裕阶层和贫困阶层的居住地区不断分离的倾向。

其次，地域社会本身的意义已发生变化。地域社会实际上在过去承担了维系人们联系的重要角色，人们一边在那里生活，一边缔结出各种各样的关系，且不断维系这种关系。但是，随着电子通信的发达，人们越来越习惯网上购物和在社交媒体上联系，在现实中和地域社会之间的联系开始变得淡薄。即使一个人不和其所处的社区或邻里发生联系，似乎也没有感到任何不方便，在网上同样可以享受和其他人在一起的乐趣。

那么，这场疫情是加速了地域社会变化的趋势，还是使其呈现出其他变化特点呢？下面我将详细地对此进行分析。

首都圈人口迁出增多

受新冠疫情影响，人们已经在"新常态"中生活了一年之久。很多企业都推荐居家办公，远程工作不断得到推广。东京都市圈开始出现人口迁出超过迁入的情况。

根据总务省关于居民基本台账人口移动报告显示，2020年5月，也就是疫情第一波感染扩大后，东京人口自开始统计的2013年首次出现了"迁出"大于"迁入"的现象。

众所周知，东京长期处于人口过密状态，所有的产业都聚集在一起，无论是娱乐还是就业，人们都会被吸引到东京。但是，东京地价昂贵，人们很难买到宽敞的住宅，所以选择在城市近郊安家的家庭急剧增加。特别是在婴儿潮一代成为劳动者的经济高速增长期，千叶、埼玉、神奈川的市中心出现很多独门独户的住宅和公寓，形成了"新住宅区"。那里的上班族大多家在东京郊外，自己则在东京市中心上班，平日需要花一两个小时通勤，这是很多人的工作和生活方式。根据通勤路线不同，拥挤程度也不同，还有拥挤率接近200%的"杀人超满员电车"，其形态作为日本独特的景象在海外广为流传。即使在泡沫经济崩溃以后，仍然有很多人在市中心附近的郊区购买住宅公寓。

这一趋势在新冠疫情后开始出现变化。人们为了避免前往"三密"场所，纷纷对满员电车和办公室工作敬而远之。

政府也号召人们实现"企业上班率减少七成""与人接触减少八成"等防疫目标,这对通勤要花较长时间的上班族无疑是个好消息。很多人认为没有了往返较长的通勤时间,身心负担一下子减轻不少。

但是,疫情也带来一些其他方面的苦恼,比如住在城市中心的人们,由于房屋面积较小,很多人没有充分的居家办公条件,不得不在孩子们的吵闹声中工作,或者挤在孩子的学习桌前工作等,长期还会引发腰肌劳损等问题。不论男女,大家一致认为,"只要孩子在家就无法专心工作",正如第三章中提及的。

同时,很多人开始如下思考:

"如果远程工作今后在社会上固定下来的话,我们就没有必要继续住在地价昂贵、空间狭小的城市住宅里。"

"倒不如说,为了周末进行自己喜欢的冲浪,可以住在海边,或者可以住在能让孩子舒服生活的亲近自然的土地上。"

还有人认为,今后说不定可以实现在亲近田地的区域生活和工作。这样一种新的居住选择抛开了过去一定要住在

"工作地就近"的执念,人们开始重新审视生活与工作的关系。**这是人们可以选择"自由工作方式"的结果,于是在东京开始出现了人口流出现象。**

其实我也一样,习惯了在地方的家里工作,大学目前也以在线授课为主,文笔类的工作几乎都可以在网上进行。写作原稿用邮件就可以发送,和编辑的交流也可以通过在线交流或网上会议系统实现。我认为今后住在东京的必要性更低了。

周围和我有相同想法的人有很多,大家更愿意在自然条件较好的环境中,一边工作一边得到身心放松。今后"地方"的魅力将进一步提升。

但是,即使出现了这些新的变化,我们也不能马上就下定论说,今后是"地方再生的时代"或"地方重组的时代"。为何不能这样轻易下结论呢?我们先来看看今后的预测趋势。

是否有生活舞台的环境

在讨论缓解地方人口过少这一问题之前,我想先谈一下

"地域发展差异"问题。

地方发展过疏化的最大原因，其实就是"出生人口数量下降"和"人口流出"，也就是说新生儿不断减少，或者人们到了一定年龄就会到大城市去，再不回来。

有一段时间我也听到了"返引就业"等讨论，具体指人们以升学为契机来到大城市学习，毕业后再次回到地方就业的新动向。还有升学、就业是在大城市里，但等到结婚时就会返回到地方的情况。

但是，我观察到近年来出现较多的仍然是"外出并不回老家"的倾向。这部分人为什么不回来呢？他们是"不想回来"，还是"回不来"？

恐怕答案是两者都有。理由很简单，因为在所出生的故乡土地上，没有与生活舞台相应的"环境"。这个"环境"不仅包括能得到稳定生活的"工作环境"，能让孩子接受较好教育的"教育环境"，还有能感受到社区生活的"生活环境"，能方便购买日用品的"购物环境"，以及紧急情况下能尽快就医的"医疗环境"。

缺少上述哪一个"环境"似乎也行不通。重要的是，这需要的是一个适于所有年龄层生活的"环境"。进一步说，如果希望该地"人口增加"的话，不仅对于单身者，而且对于有孩子家庭的各种"吸引"不可或缺。一个地方是否有好的教育、完善的社区，以及各方面都让人安心生活的"环境"，对于人们选择是否在此长期居住至关重要。要想让人们并非一时而是永久居住，上述这些"环境"似乎是必要条件。

从这个观点来看，从市中心移居到地方的人们看重的是什么呢？我想对于年轻一代是"教育环境"，中老年一代是"医疗环境"。现在所说的各种"环境"条件中，新冠疫情后，对于大多数人来说可以最先解决的是"工作环境"。即使在没有任何产业和企业的土地上，只要能远程办公，就不会影响工作进度（当然最先实现远程工作的是一部分办公室工作人员，为了让其他人更自由地决定居住的地方，还需要其他因素，如前一节所述）。

另外，由于通信软件的发展，"生活环境"对移居者来说必要性也在逐渐降低。假设从熟悉的东京，突然转职到地方城市，因为有聊天软件可用于联系，人们也不会感到寂寞，仍然能得到各种各样的信息。以前的话，人们如果不熟悉移居地的"社区"和周边区域，会感到非常孤独和不方便，但是现在众多通信工具如脸书、推特、照片墙、LINE等，让一切社交都可以在线完成。

然而，这其中最难代替的是"教育环境"和"医疗环境"。

首先，试着想一下"医疗环境"，疫情后，人们对于在线诊疗的接受度会越来越高，即使在医疗条件并不充分的地方，如果可以在线诊疗，老年人也不必再像之前一样花很长时间去医院。而且很多老年人患有的都是基础病和慢性病，日常大多需要的是定期检查，接受实际医疗救治的需求其实也不是很多。

但是，无论远程诊疗多么先进，在疾病、事故等突然发作的情况下，人们还是需要有能充分应对的医疗机构和医生。特别是对于经常生病、有小孩的家庭和有老年人的家庭来说，这是一个很实际的问题。"医疗环境"是否完备，对于移居者来说是一个重要的选择因素。

高学历者的出生地

其次是"教育"的重要性。正如第二章"教育格差"中所述,父母希望孩子接受的教育起码达到自己曾经的教育水平。现在日本表面上是"平等社会",但实际上教育的不同已经决定了人们今后的生活和工作场所的不同。最终的结果是,教育的差距不仅决定了一生的收入,而且也是形成"阶级社会"的重要因素。

东京大学每年会公开"学生生活实态调查报告书"的相关资料。这是关于东京大学学生的生活、家庭、学习和就业等情况的调查结果。这份报告书还记载了东京大学学生父母的收入状况。从2018年的年度报告书来看,东京大学学生中很大一部分是来自高收入家庭,约有74%的学生来自年收入750万日元以上的家庭。年收入不足750万日元的家庭只占全体的26%,而年收入不足450万日元的家庭,仅为13%。这不得不说是一个令人震惊的事实。

这个数据的背后并不是东京大学的学费昂贵，只有高收入的孩子才能上学。因为虽然学费比以前高了，但是奖学金制度也很完善。其背后主要的问题是，高收入家庭的父母在孩子从小的教育上花费了更大的精力和资金投入，如在学校外报名多个补习班等，才实现了让孩子考入东京大学的目标。更大的问题是，只有从小被父母投资报名补习班的学生最终才可以抵达东京大学这个目标。

关于"教育格差"的内容已经在前文叙述了，这里不再赘述。我们还可以从上述的报告书中看到东京大学学生的出生地信息。数据显示，考入东京大学的学生中，约有七成是关东出身。

当然，日本各地都有很不错的大学，并不是只有东京大学才是奋斗的终点。但是，包括私立大学在内，日本很多有名的大学其实都集中在东京，这也是众所周知的事实。更重要的是，以通往有名大学而出名的国立、私立高中、中学、小学及大型升学补习班，几乎全部集中在东京。

在这样的背景下，对于以新冠疫情为契机考虑移民地方的家庭来说，横在他们眼前的一大障碍就是移居地是否具备优质的教育环境。

我在东京认识的以热心教育而闻名的朋友，听说这次就以疫情为契机，决定一年内搬离东京到地方生活和学习。这位朋友认为尽管现在居住在人口密集的市中心，但疫情使孩子长期居家不外出，反而不能自由地生长。如果是这样的话，那还不如干脆搬到环境优美的地方生活和学习，让孩子可以尽情地亲近大自然。

事实上，日本目前很多地方的人口都在不断减少，儿童数量也锐减，公立学校面临闭校危机。在这样的背景下，也有地方自治体积极宣传自己的特色，利用这样的机会从东京等大城市吸引学生去当地进行一段时间的"留学"体验。可以说，这样的活动刚好将大城市和地方各自的优点整合在一起而构成了独特的"移民"体验。

但是，也有孩子在小学低年级的朋友这样说：

"如果是小学低年级学生的话，即使学习有点落后也能补回。结束一年的地方'留学'回到东京，仍然可以进入补习班卷土重来。"

也就是说,亲近自然的地方虽然有魅力,但家长还是无法忽视孩子的教育。这绝对是真心话。孩子小的时候家长希望他们"在自然中自由生长",等到长大后,能否继续接受"在自然中自由生长"的学习方式其实是一个未知数。

有时,也会听到某位艺人将工作和生活据点转移到海外的新闻。如果那个人有孩子的话,大家就会一致认为"选取移居地时,一定要将孩子的教育考虑在内"。国外移居的主要目的地是伦敦、巴黎、新加坡、澳大利亚、加拿大等,其实这些都是有着高水平教育的国家。从这点可以看出,对于很多有条件的家庭来说,其教育目标便是追求国际化的教育水平。

因此,在鼓励地方再生、防止地方人口减少的观点中,"教育环境"是不可缺少的。但现实是,在人口稀少的地方,很难有质量较高的教育机构。今后,日本人口会持续减少,即使是一些期待实现地方再生的全国性大学,都面临招生数量不足的窘境。在这样的背景下,去地方创建教育机构的想法也是不切实际的，毕竟很多人都在担心自己入学的大学 10 年后是否还存在。

但是，也不能说完全没有希望。当下，"教育"和"地方"之间的联系，在新冠疫情后也能看到变化的端倪。近些年，将教育和 IT 技术结合起来的电子技术（Education×Technology）领域不断发展。通过智能手机、电脑、平板在线学习的补习班，远程家庭教师、自主学习等应用软件，层出不穷且广受欢迎。

不论是角川 DWANGO 学园运营的网络函授制高中——"N 高等学校"，还是以世界一流讲师为阵营的密涅瓦大学，都创造了一种独特的学习环境。前者可以实现让学生在家学习，后者则以移动式教学为主，每年可能在世界上数个国家移动，在当地过着全宿舍制的生活。这两种教学方式都给我们提供了一种不拘泥于"场所"的教育可能性。如果照这种潮流发展下去，**未来 10 年后，"东京＝教育强"的建构也有可能崩塌。**

不过在当下，在线学习并不是万能的。日本的大学在新冠疫情之后，全部改为在线授课。这样做有一定好处，比如对于那些考入东京市内的大学，不得不一个人生活在房租较高地区的学生来讲，他们可以暂时不用租房就能在老家接受大学授课。还有对于部分学生来说线上课程提高了他们的学习积极性，例如在面对面的课堂上完全没有发言的学生，可能会在网络课堂上积极提问互动。

除此之外，在线学习也有缺点，尤其是对于大学一年级学生来说，他们刚踏进大学校门却不能有正常的校园生活，连新朋友都交不到。还有的学生出现了心理方面的问题，增加了辅导员老师的负担。另外有很多人担心网上教学质量难以得到保证，在线交流总感觉不如线下交流充分。还有不使用的校舍也需要日常的维护和管理，尽管是在线课程，但学费一分未减。

另外，对于大学生来讲，他们已经具备一定的自学能力和电脑操作能力；但低年级的小学生仍然离不开家长的陪伴和辅导。今后有必要针对不同年龄开发相应的在线授课方式和内容。

第二节 列车线路上的阶层

土地的"增值"与"贬值"

一位熟人在新冠疫情后，打算从现居的东京搬到老家所在的县城。但是，他在向公司提出申请后，被告知"虽说基本以远程工作为主，但每周要去上班一两次"。这位朋友是双职工家庭，孩子如生病需要就必须立马从公司赶回家。如果在去东京工作的途中发生这种情况可能无法及时赶回，而且从老家到东京乘坐新干线也要花不少时间。再加上如果发生其他大规模灾害的话，朋友也担心无法及时回家。深思熟虑后，这位朋友说他最后还是放弃了移居。这样看来，即使远程工作在社会上固定下来，只要不是100%远程，其实也很难做出移居到地方的决定。

新冠疫情以后，人口迁入量开始增加的地区是埼玉、千叶、神奈川等城市近郊区域。听说神奈川县的逗子和镰仓等湘南地区很受欢迎，在那里找二手房的人也很多。那里风光明媚，可以享受四季的优美风光，虽然每天通勤可能很辛苦，但如果一周只要去1～2次的话还是能接受的，很多人都喜欢这样的地方。或者地理上可能离东京稍远一些，但只要乘坐新干线就能轻松抵达的轻井泽和热海等观光地同样很受欢迎。

这些地区其实基本具备之前说的移居条件。不仅有优美的田园风光，山川、海洋等丰富的自然资源，而且还有都市人喜欢的餐厅、咖啡馆、酒店等娱乐设施。而从这些地方的本地人的角度来看，他们经常接待外地游客，因此对于移居到此的人也不会产生排外的想法。另外，对于移居者来说，这里离东京很近，一旦生活或者工作有任何紧急情况，可以及时抵达东京，也便于使用东京的医疗机构、商店、剧场、美术馆等文化娱乐设施。在这个过程中，人们重视的是往返东京交通的便利性。

话虽如此，但这种倾向并不是从现在开始的，早在经济高速增长期以后,人们就开始重视到达市中心交通的便利性。"居住地便利可及"对于很多通勤族来说,可以说是一项必要的前提条件,因为有经常性的加班。即使下班后快到末班车时间,也能毫无顾虑地乘车回家。为此,很多人认为选择在电车沿线上安家是最好的方式。

连接郊外的住宅区和市中心的线路有好几条,但是快车和特快列车停靠的车站地区最受欢迎。选择住在各站都停车的满员电车附近而且通勤需要40分钟的地方,还是住在始发站附近可以悠然自得地坐着快车通勤仅需20分钟的地方,显然非常不一样。

因此,日本在快车或者特快列车的停车站和始发站前开发了大量的生活设施。公寓、车站大楼、超市、咖啡馆、家庭餐厅等建筑鳞次栉比,十分繁荣。城市近郊也开始增加文化体育类设施,如电影院、市民大厅、健身房、室内音乐现场等。当然这些热门车站附近的房产价格也在一直上涨,这种倾向现在已经扩展到了新干线。

较多市中心迁出者的涌入,不仅使当地财富增加,而且随着一些文人和演员等知名人士的搬入,"土地沙龙化"的潮流也在不断推进。随后,会逐渐诞生新的土地"增值区"和"贬值区"。

当然,原本不同地段的价位也是不一样的,之前也存在黄金地段和偏远地段的区别。即使是在省市,相关企业、商业街、医疗和文化设施也都集中在省市政府周边,除此之外的地区逐渐被边缘化,甚至会出现无人居住区。

但是,今后关于土地黄金地段的评价和认同方式可能会与以往不同,将出现新的标准,也会出现新的土地"增值区"与"贬值区"。**我想这不仅关乎人口增减,更是一场文化、产业的角逐**,届时也会有企业根据该地的发展状况为员工选择合适的工作和生活之地。可以预见,未来将诞生一些带有新发展价值和新魅力的土地。

地域社区的消失

这一节中,我想重新考虑一下"地域社区"。进入令和时代后,不论城市还是地方,"地域社区"都在悄然衰退。

基于这样的一种新变化，我们需要考虑未来"社区"的存在方式。在过去，人的一生都与自己生活的土地、社区有着很强的联系。人们在同一片土地上出生、成长、学习、恋爱、结婚、生子……直至老死。人类的生命周期和地域社区就像命运共同体一样紧密地结合在一起。

在人生的不同阶段，一个社区的邻里之间相处融洽，大家互助互帮。不论哪家有红白喜事，女性们都会聚集在一起做饭，男性们则张罗着招呼客人和其他事情。每当有不同的节日庆典，如夏日祭、秋祭、冬天捣年糕、春分撒豆等活动时，当地人都会齐心协力共同完成。还有年轻人自发组织的消防团，保护一方平安，母亲们也会通过家长会随时关注孩子们的学习和生活情况。

其实，上述这种互相帮助的地域组织能够较为稳定和积极发展的背景是，"每个人一旦出生在这里，则一生都将生活在这里"。从父母一代开始持续的近邻交往，到自己的成长，每一步都有周边的人给予守护和帮助。由此，从上一代人继承来的一种无形的"恩"，继续由已经成为大人的自己再次传递给下一代，代代相传，构成紧密的共同体社会。

然而，随着经济的发展，尤其是经济高速成长期之后，越来越多的人在自己长大后就以升学或就业为契机离开了哺育自己的那片土地，在新的土地上建立新的家庭。

离开故土后，单身男女一般会先居住在公寓，等结婚后再贷款购房，经过不断奋斗最终在郊外拥有独栋房屋。然后同样，他们会在新的土地上养育孩子并慢慢老去。也就是说，离开家乡后，在新的土地上建立了新生活圈的人们，大概十几年前就已经存在了。

即使是新搬来的人，也都抱有"在这片土地上一直生活下去"的决心。他们会在搬入新家后与邻居打招呼，离开时邻居们也都会来送行。这是一个"远亲不如近邻"的时代。

这样的一个时代发生变化大概是从20世纪90年代末期到2000年初期开始的，变化的发生在社会意义上有两方面原因，即**"移动的自由"和"通信手段的自由"**。

当时日本进入人口减少的时代，并且开始了长期通货紧缩，可以廉价承包搬家的服务公司增加了许多，而且也提供了许多面向年轻人的出租房和合租房服务。这样一来，对于大多数人来说，移居的门槛变低了很多，他们实现了"移动自由"。

此外，20世纪以来，互联网和手机通信网络不断发展，人与人之间的联系变得更加方便快捷，甚至可以和远方朋友进行实时聊天。同时，以亚马逊等为代表的网络购物平台也开始急剧增多，人们已经没有必要非去商场等地买东西不可，网上就可以得到生活的一切所需。在这样的背景下，人们在自己居住的区域也不需要与周边人进行其他交流，人与人之间的实际联系开始变得淡薄。

在这两个变化中，人们根据生活所需自由选择居住地。在网上搜索的话，所有土地和房屋的相关信息都可以看到。人们对于搬家的态度变得轻松，如果住宅不合适的话可以随时更换。同时，居住形式也在多样化发展，出现了共享住宅、民宿、多据点生活地等居住形态。人们对一生可以在不同土地上生活这件事开始变得习以为常。

在根据生活所需可以不断搬家的社会中，"地域社区"的存在方式也在发生变化。现在能有多少年轻家庭在搬家后选择加入社区组织，参加社区节日活动，以及与不同年龄的邻居都热情地交往呢？其实，"地域社区"的功能和价值观已经逐渐消失了。

"住宅双六"的消退

要解释"住宅双六"的消退，先可以从"住宅双六"这款游戏谈起。大约30年前，人们认为普通工薪阶层都拥有一条标准化的人生路线。不管男女，只要询问一下那个人的年龄和职业，大概就能想象这个人在什么样的住所里过着怎样的生活。

原因之一是，很多日本人走了一条和"住宅双六"游戏中一样的住房升级之路。具体来说，小时候人们住在老家，之后进入大城市工作开始住在寄宿公寓。20多岁结婚后，人们开始住在公司提供的住宅公寓或者贷款购买的公寓中，经过不断奋斗终于拥有了自己梦想中的独栋房屋，此时也到达了游戏的终点。这其实也就是游戏"住宅双六"的设计。

有意思的是,"住宅双六"游戏的特征是,只要是参加这个游戏的人,基本上大家最后都能到达终点。当然,有些人可以快速顺利地到达终点,而有些人则会反复进退。除了本人的努力,还有掷骰子掷出的命运的作用。有的人在20多岁时就能在东京市内拥有自己的住房,也有的人在40多岁才能在郊外拥有自己的房子。虽然拥有住房的速度和条件有差别,但基本上可以实现"住宅双六"的目标,所以参加者最后都能抵达终点,这是从经济高速增长期到20世纪90年代的状况。

然而,进入平成时代后,日本出现泡沫经济,"住宅双六"似乎开始不再发挥作用,不是所有人都能到达终点了。有的人可能在中途就不得不停下脚步,还有的人在以为要到达终点时发生意外又回到原点,造成人生的逆转。如在经济危机下,本应购买自己房产的家庭因失业而陷入无法偿还贷款的境地,不得不放弃购房计划;或者认真工作的人被解雇，沦落为"低收入保护对象"和"无家可归者"，令人难以相信的状况层出不穷。

很多年轻人开始不再设定要自己拥有住房的奋斗终点。记得之前一度出现年轻人不想要汽车的热门话题，他们认为，比起需要保养费、停车费、管理费的私家车来说，使用共享车不就足够了吗？从中可以看出，这代年轻人已经从虚荣和欲望中解脱出来，开始认真合理地考虑自己的生活。随着这种意识的进一步发展，不是一定要拥有自己房产的人也在增加。

现在年轻人有了多样化的选择，如"倒不如说一辈子出租比较自由""全家一起合租""不想决定住的地方"等，出现了各种各样的选择。

然而，当"不打算一辈子待在这片土地上"的人成为多数派的时候，地域社区的维持和联系只会变得愈发困难。因为很多人心里认为，"住在这里只是暂时性的""不知道要住到什么时候"，他们也不积极参加本地区的集会、志愿者福利协议会等。大家甚至一致认为，本地举办相关祭祀活动为的应该是"一直居住于此的老年人",几乎所有地方自治体都陷入了这样的困境。我听说在东京市内的某个高级出租公寓,居然给出了跌破市场价的出租价格来吸引附近大学生,而条件是"需要参加本地的节日祭祀活动和志愿者活动"。因为如果不这样做的话,地域社区活动就无法组织和开展了。

此外,相关地区纠纷也在增加。在以前的地方自治体中,居民之间的分歧都是在邻居的协调中共同解决的,但现在一有矛盾人们就开始递交法律文书,直接向区政府和町政府等提出索赔要求。当然,地方自治体有责任解决本地居民的困难和矛盾。

而且越来越多的人因为忙于工作,原本就和社区邻里等较为疏远,也有很多人"不知道和哪里商量好"。几年前,甚至有人因为噪声问题投诉邻居后,反被怨恨刺伤。类似这样,不知道如何和邻居相处,出现矛盾就发展到不可调和的地步的纠纷案件不断增多。

在"住宅双六"游戏无法实现的地域社会中,传统型的

"当地意识"和新移居者淡薄的"社区意识"之间产生了很大的鸿沟。今后我们应该一边考虑上述新变化，一边摸索地域社会新的存在形态。

富裕阶层的逃离和贫困阶层的滞留

传统社区的一个特征是，过去有很多不同阶层的人生活在同一片土地上。无论是女性、男性、孩子、年轻人和老年人，还是比较富裕的人或贫穷的人，健康的人或不健康的人都生活在同一片区域内。当然，也有富裕人家或贫穷人家相对集中的区域，但从更大的范围来看，可以说一片土地上生活着多样化的人们。

在一些紧急情况下，富裕家庭会向贫穷家庭伸出援手，或是在本地发生一些需要仲裁及判定的案件的时候，他们同样会出谋划策帮助邻里解决困难。由此，"健康而富裕的人"会帮助穷人，"贫穷而不健康的人"也可以在大家的援助下渡过难关。也就是说，"帮助者"和"被帮助者"生活在一起，是"地域社区"应有的样子。

但是,现代社会正在进行阶层的地域分割,"富裕区"和"贫困区"被明确分开了。有一本书叫作《"东京深度指南",不想居住的首都圈街道》[1],这本书调查了45条路线中的718个车站附近街道的一些负面信息,并一度引发热烈讨论。在这样的书成为焦点的背后,其实可以看出根据车站和路线的不同,居住的人的阶层也不尽相同,说明阶层已经被地域划分了。人们不想和自己"阶层"不同的人住在一起。在本章中,我们不仅看到了地方和城市的分离,而且看到了同在东京的"富裕区"和"贫困区"的割裂,有钱人开始逃离"贫困区"。

大约30年前还很有活力的下町区,现在变成只能看到老年人的街道了。另外,以前属于"新城"的地区,现在也处于人口过少的状态中,公园里只有老年人。还有很多区域的治安也开始变差。

---

[1] 该系列由逢坂正吉负责的深度指南编辑部编著,驹草出版社出版。

另外,现在公营住宅的老年人入住率非常高。以前,人们只在人生的某个阶段住公营住宅,存够钱后就会离开这里入住新购的房子,但是现在一生都住在公营住宅的人在不断增加。

根据总务省发布的"基于住宅基本台账的人口、人口动态及户数"[平成三十年(2018年)],日本的公营住宅管理户数占现在总家庭户数的比例约为4%。在东京,民间租房的平均房租为89 600日元,而公营住宅的平均房租为23 000日元,入住者中约六成是60岁以上的老年人,他们的平均居住年数也在增长。如果是民间租房的话,平均租住12年以内的较多,但公营住宅的平均租住时间却长达20年,还有很多人租住超过20年,有的甚至在50年以上,人生半数以上的时间都在公营住宅里度过。

出现上述情况的主要原因是"少子老龄化"和"日本的贫困化",但这其实也是"地域格差"的特点和具体表现。

我的熟人中有住在下町区的中小企业经营者,大约10年前在妻子的坚持下,他们举家离开出生和成长的土地,搬到了文京区①。妻子说："为了孩子的教育，我想搬到合适的区居住。"

实际上，前文我也提到过，我之前访问过位于下町区的一所公立中学，那里的男生数量比女生多一倍，是因为很多女生会转入私立中学。

我起初听到这个事情时感到有些意外，因为很长时间以来送孩子进入私立中学的家庭都会集中在所谓的教育热区。这些家庭会在孩子念初中时把他们送去私立学校，而这也绝不是心血来潮的热情和普通的经济实力可以支撑的。假设初中、高中，甚至大学都是私立院校的话，其学费不会少于1 000万日元，而且需要支出的费用不仅限于学费，还包括学校指定的制服费和书包费，全体人员统一的教材费，还有一些昂贵的毕业旅行费和交际费等。最近听说如果到小学四年级才开始备考私立初中就有点晚了，而私立中考

---

① 文京区位于东京中央行政区的北侧，该区集中了日本很多私立中、高等学校，因而有文化教育区的美名。

的补习班费用高达一个月5万日元左右。在小升初考试之前，家长要做好小学阶段每年平均支出约200万日元补习费的思想准备。

过去可能仅是特别富裕的家庭希望孩子上私立中学，而现在即使是收入一般的家庭也希望拼尽全力送孩子进入私立中学就读。因为正如前文第二章讲到的，"**教育格差**"**可能会导致未来生活的**"**经济格差**"，家长们不想孩子未来的生活质量下降而努力送其进入私立学校。而且，近年来日本掀起一股初高中一贯制的热潮，有很多教育水平高的公立学校也开始招募初高中一贯制学生。在这样的背景下，家长们为了孩子未来的学习只能背水一战。如果不从小学时代就开始去补习班准备小升初考试的话，可能将来都没有什么办法让孩子在优质的高中就读。诸如此类的教育焦虑裹挟着家长和孩子不得不从小学时就开始上补习班。

这种倾向在女生家庭中尤为显著。男生家庭的父母觉得未来在社会中男生吃点苦，靠自己的能力打拼锻炼一番也是一件好事，但女生家庭的父母则不希望自己的女儿吃什么苦头，而且自己优秀了以后也能碰到比较优秀的另一半作为交往对象。

我之前拜访过的那所公立学校的上课状态非常不好，教室里到处都是飞来飞去的纸条、橡皮擦。可能这些学生内心也知道自己是私立学校挑选剩下的人，一种对于学习和未来的无力感时刻包围着他们而且无处安放。

教育、年收入与地价的关系

我这里有一组关于能证明经济和学习能力之间关系的数据。根据国土交通省发布的"住宅市场动向调查"（2019年）显示，人们在选择租赁房屋时，最重视的是"房租"和"地理位置"，具体内容如下所示。

全国的市区町村中，按每张榻榻米的房租从高到低的顺序排列如下。

第1名，港区；第2名，千代田区；第3名，涩谷区；第4名，中央区；第5名，文京区；第6名，新宿区；第7名，丰岛区；第8名，品川区；第9名，目黑区；第10名，中野区。

另外，东京23区中房租最低的是足立区，与排名第1位的港区有2倍以上的差距。

接下来，我们再来看看东京市居住者的年收入排行榜吧。

第1名，港区；第2名，千代田区；第3名，涩谷区；第4名，中央区；第5名，目黑区；第6名，文京区；第7名，世田谷区；第8名，新宿区；第9名，武藏野市；第10名，品川区。

上述数据显示，"房租"和"年收入"的排名榜前几位完全一致，当然可能大家认为这样的结果是理所当然的。

接下来，我们再看一下东京都的学力偏差值[①]排行榜，这是钻石在线参考的数据，来源于东京都一项"为了提高儿童、学生学习能力的调查"（2018年）。结果显示，小学五年级东京都的"学力偏差值"排行如下：第1名，文京

---

① 学力偏差值是指学生的学力相对平均值的偏差数值，偏差值越高则代表学生的学习能力越强。——编者注

区；第2名，武藏野市；第3名，千代田区；第4名，中央区；第5名，目黑区；第6名，世田谷区；第7名，港区；第8名，新宿区；第9名，杉并区；第10名，江东区。

上述结果大家觉得如何？"房租""年收入""孩子的学习能力"的排名基本一致。"年收入"高的家庭住在"房租高"的区域，也不断提高"孩子的学习能力"，从而实现自己的目的。他们通过对子女的教育将富裕人生的蓝图传递下去，固化了社会上已有的差距。

顺便说一下，位于"学力偏差值"排名第一的区域的公立小学学生的平均偏差值为70左右，升入私立或国立中学的比率约为40%。如前所述，最近公立学校提供高水平的初高中一贯制教育的比例也在增加，"学力偏差值"排名第一的区域的小学生升入那里的比例也很高。

而且在这些地区考取这种初高中一贯制的公立学校六年级的学生的平均应试率为90%。也就是说，班里几乎所有同学都会在课外参加补习班备考，这基本已经形成了特有的教育文化。而在排名外的东京周边地区，私立学校和国立学校的升学率仅为1成左右。考虑到该区域的平均偏差值也仅有50左右，可以再次看出**"教育"和"年收入""地价"是紧密联系在一起的。**

"有帮助余力的人"和"需要帮助的人"

社会学中，有专门研究地区志愿者活动和社会活动的领域。其中，东京的文京区和武藏野市区被视为"理想社区"的地区代表。在这两个地区都住着比较富裕的家庭，而这片土地也以热心教育的家长集中地而闻名。

文京区在江户时代武家宅邸林立，如今这些建筑则被东京大学、筑波大学等教育机关或医院使用，因此大型升学补习班也聚集在这里。除此之外，武藏野市区有东日本旅客铁道和京王电铁交汇的吉祥寺站。除了交通便利，武藏野市还有地域广阔、绿意盎然的井之头恩赐公园，这导致武藏野市对于很多育儿家庭和单身人士来说，都是心目中"想住的街道排行榜"前位。

其实我认为，把这样的区域作为"理想社区"的典型案例，对其他社区来说也没有什么参考价值。因为正如之前看到的那样，这两个地区居住着很多健康且经济富裕的"有帮助余力的人"。

志愿者和社区活动是由"有帮助余力的人"和"需要帮助的人"两者组成。如果一个社区中有的只是"有帮助余力的人"，而"需要帮助的人"很少，那以这样的社区为典型又有什么意义呢？"需要帮助的人"都住在与"有帮助余力的人"相分隔的区域，他们居住的社区中的人和自己一样，都是"需要帮助的人"，这似乎是一个无解的构图。

另外，志愿者一般是时间充裕且家中丈夫有着丰厚收入的主妇，或是家庭条件殷实的学生，又或是养老金充足的退休老年人。从这个意义上来说，在上述两个典型社区里住着很多这样的人。但是，在"需要帮助的人"集中的社区里，原本就几乎没有学生，家庭女性也必须工作来支撑部分开支，即便是老年人也很多都是无法体面退休而不得不继续工作的人。也就是说，别说"帮助"别人了，就连自己都可能是"需要接受帮助的人"，而这样的社区里以相互帮助为目标的志愿者正在变得不能发挥正常作用。

我在英国曾经了解过关于社会试验"社区开发失败"的论文。以前，政府将伦敦郊外的贫困地区指定为"社区活力区域"，反复在那里进行各种各样的活动并展开就业支援，试图让那里的人们摆脱贫困。深陷贫困的人，如果能有机会接受教育，拥有一份好的工作，就可能成为改变这个地区的重要人才力量，从而带领整个社区重获活力。这是一次社会试验，其实也在一定程度上取得了成果，但最后结果是什么呢？这些摆脱贫困、就业后经济宽裕的人，也就是自己成为"有帮助余力的人"之后，便离开了原来的贫困区域。如此来看，"有帮助余力的人"永远不会留在"需要帮助的人"的身边。这确实是一个令人悲伤的现实，人不是只要有钱就满足于当下的生活，还需要不断追求娱乐、文化、人际交往、教育，等等。有了不菲的收入后，人们马上会为了寻求下一个精彩的人生舞台，而抛弃从小到大生活的那片土地，毫不犹豫地踏上能满足自己诸多欲望的新土地。

第三节　地域格差中的边缘族群

阶级社会中的自我责任论

贫富差距从古至今一直存在。早到江户、明治、大正、昭和、平成时代，有钱人都会建造大房子，在子女的教育和娱乐上花很多钱。他们在和自己共同生活的阶层中建立了人脉，也获得了更大的成功。另一边，住在长屋①的人们一家人挤在一起，过着食不果腹的一天。这样的生活差距在任何时代都存在。

那么现在新的问题是什么呢？我认为是"贫富差距"的长期化、固定化和突出化。富裕的人们除了自己住房，还

---

① "长屋"是一种住宅类型，是集体住宅的一种形态，传统的长屋多为在狭窄小巷建造的一层木造住宅。——译者注

拥有好几栋豪华的投资用公寓，再加上通过金融投资积累的财富，每天都过着富裕的生活。与之形成对比的是，贫困家庭可能会进入代际贫困的陷阱，世代贫穷。这种"富裕"与"贫穷"之间的巨大社会差距代代相传也在预料之中。

日本曾经有过小学毕业的首相和成功企业家。年轻人梦想着出人头地，拼命工作，也获得了"住宅双六"游戏般的最后胜利。

但是，现在怎么样呢？摆脱贫困已经变得十分不易。因为从幼年时期开始的"教育差距"一直会持续到成人后的"收入差距"。

再加上近30年，日本成了一个高喊"自我责任"的国家。人们对于无家可归人的看法是因为那个人没有努力；非正式劳动者容易被解雇，也得不到奖金，也是因为那个人没有努力成为正式员工；同样"家里蹲"们更是因为自己不努力；还有单身母亲也是因为自己选择了那样的人生，才会生活困难；另外，"低收入生活保护者"群体也是因为他们不想工作、不努力才成为政府抚恤的对象。这一切的结果都是自己的"选择",为什么还要抱怨社会呢?

但是,这些问题真的都是只要"自己"努力就能解决的问题吗?

例如,从贫穷的乡下出来的年轻人,住在建筑工地,不能回到由兄弟继承家业的老家,也没有自己的家,最后不得不选择孤老终身,这难道没有社会的结构性问题吗?非正式劳动者没有稳定的收入和社会保障,如果生病或受伤的话,会同时失去工作和住所。知道这些以后偶尔在路边看到流浪者,我们还会单方面地责备是由于其本人的努力和自律不够才沦落至今天的境地吗?

还有,在大学毕业时遭遇经济不景气的年轻一代,不得已只能先作为派遣员工或者合同工开始工作和生活,而大型的日本企业几乎只雇佣应届毕业生,不会接受已经毕业许久或有过派遣工作经历的人作为正式员工。派遣员工或者合同工几乎没有机会接受专门的职业训练,一生都处于不稳定的就业状态。这样一种源于时代的不幸,难道也只能归因于个人的努力不够吗?

在日本的学校教育中,比较重视统一化和集团化,而其中也会有不习惯集体生活的孩子。这样的孩子在学校中容易受到霸凌,内心受到创伤后就会选择放弃上学,成为"不登校"儿童。这样的社会课题其实很早以前就有人提出了,在将这些作为社会问题看待却没有提出具体对策的现实社会中,缺失的责任难道应该只由当事人及其家人承担吗?在"上不了保育园,日本去死"①的社会中,单身母亲一边抚育年幼的孩子一边不得不兼职工作养家糊口,新冠疫情又使其被解雇而失去了仅有的工作,只能过着有上顿没下顿的生活。难道这也是由于本人的努力不够吗?

出生在什么样的土地上,出生在父母有何种教育水平的家庭中,又或是出生在什么样的时代,以及在怎样的环境下成长,这所有的一切都在孩提年幼无知时已经开始影

---

① "上不了保育园,日本去死"入选2016年日本流行语。这句话的言外之意是借此机会反思日本的"待机儿童"(符合保育园,类似托儿所的入园条件,却因满员而无法入园的儿童)问题有多严重,在日本社会一度引发热议。——译者注

响着我们的言行和人生选择。我认为仅用一句"自我责任"来打发这些问题，归根结底是因为缺乏想象力。

前几天，有人在电视上说了这样的话。

他说："我在大学努力学习最终取得资格证，因此现在的工作是自己努力的结果。而流浪汉因为不努力，不想工作，所以他们过着流浪的生活。还是他自己的努力不够。"

我听完这番言论很吃惊，但又想有着一样认识的恐怕不仅仅是这个人吧，在内心深处这样想的人应该相当多。

但是，就这个事情也可以这样发挥想象力："那么，假设自己出生在街头，能否有机会上好的补习班，升入有名的大学专心学习呢？"

如果有一个人成功考上了心仪的大学，我们认为比起个人努力，可能更重要的是背后的父母比较认同教育价值而在上面投入了很多精力和金钱。如果出生在"学习也没什么用，不如从高中毕业后就工作吧"这样的家庭里，就算自己努力又能如何？反之，如果出生在"你的努力会得到回报，请考入想进的学校"这样的家庭里，那可能就非常幸运,也会有不错的未来。因此,对于现在在日本社会蔓延的"自我责任论",我们也该重新考虑其正确性了。

有自己家的"单身寄生族"

在1997年,我提出了"单身寄生族"这个词。"单身寄生族"是指到了成年、工作独立的年龄还不独立,喜欢一直住在父母身边,由父母提供衣食住行花费的单身者。无论挣钱与否,他们都是在父母家中过着寄生式的生活,因此我给他们起名为"单身寄生族"。

当时,与父母同居的单身者的增加与几个因素有关。最大的原因是以年轻人为中心的非正式劳动者的增加。总务省的"劳动力调查"显示,1984年非正式劳动者的比例仅为15.3%,到2020年这个数字增加到了38.3%。

几乎和"单身寄生族"同一时间,即2000年前后,"啃老族""自由职业者""派遣"等称呼也在日本社会中固定下来。这个时期与泡沫经济崩溃后的就业冰河期正好重合。泡沫经济崩溃后的日本从1993年开始出现经济衰退,大企业开始减少对新员工的录用。很多年轻人看到没有正式录用的希望，不得不选择非正式雇佣。1986年日本开始实施《劳动者派遣法》，1996年将派遣业务的对象扩大到26种不同行业，到1999时派遣劳动原则在任何行业都适用了。在当时的电视节目中，派遣公司的广告进入了没有一天不播放的全盛期。

非正式雇佣没有奖金和加薪，也没有住房补贴和交通费。即便已经如此糟糕了，1年后或3年后的雇佣更不知道会变成什么样。现在的人们会重新审视非正式员工的待遇问题，但在当时这不是一个问题，反而以"不被企业束缚，自由的生活方式"为宣传点吸引到了更多的年轻人加入。从那以后，从事自由职业的人和认同派遣类生活方式的年轻人越来越多。

但是，在这样不安定的生活中，每个人都没有什么能力去设计和规划未来的生活。如果就业公司推行的是无法储蓄的时薪制，那么一个人在东京生活就会很困难。在这样的社会经济背景下，"单身寄生族"不断增加。

父母对孩子的态度也会慢慢发生变化。首先,孩子的数量与昭和初期相比变少了,如果像"二战"前那样每个家庭都有 4 ~ 6 个孩子的话,在父母家过寄生生活也不现实。但是,如果每个家庭只有 1 ~ 2 个孩子的话,父母可能也希望子女长大后还可以留在自己身边。

这一代父母年轻时经历了日本经济的高速成长,经济富裕后在培养子女上花了很多心血和精力,帮助孩子上补习班、兴趣班等,倾尽心血培育孩子成长。子女成人后,即使不马上独立,还可以留在自己身边生活,从父母的角度讲仍然可以体验照顾孩子的喜悦。

但是,这里要强调的是,"单身寄生族"之所以流行,可能是因为前面提到的"住宅双六"游戏发挥了作用。即便孩子因为非正式劳动而不能进行自己的"住宅双六"奋斗,父母也是已经顺利进行"双六"奋斗并得到自己住房的一代。而且家中再多住一个人,无论从经济上还是从空间上来讲都没太大影响。这样的前提使"单身寄生族"成为可能。

可是最近，这样的情况也发生了明显变化。2000年左右成年，以非正式就业形式开始工作和生活，就这样持续过着不安定生活的一代，到2021年，也已经到了有孩子做父母的年龄。在急剧少子化的同时，非正式雇佣也不断增加的今天，别说不能顺利储蓄，就连第二年就业都没有希望的人，会考虑生几个孩子吗？或者，一直坚持"单身寄生族"的人，现在能抛弃之前享受父母照顾一切的舒适生活，去寻求和配偶过有风险的生活吗？我相信答案不言而喻。

蛰居族100万人的日本社会

2019年，内阁府首次着手调查包括中老年人在内的"蛰居族"并公布了结果。数据表明，现在日本大约有100万人以上的蛰居族。

内阁府对"蛰居族"的定义，除了"几乎不出自己房间的人"，还包括"偶尔为了兴趣外出或去便利店买东西，除此之外几乎没有其他外出和交流"的人。从蛰居族的构成来看，15～39岁的蛰居族约有51万人，40～64岁约有

61万人，二者合计已超过110万人，这真是个沉重的数字（见图4.3.1）。

出现老年蛰居族的原因中，最多的是"退休"，占36.2%。其次，以"病"为契机选择蛰居的人也有21.3%。但是，值得注意的是，除此之外选择"人际关系"的占21.3%，"不适应职场"占19.1%，"就职活动不顺利"占6.4%。

特别是40～44岁的人群，很多人因为就职活动失败而选择闭门不出，有分析认为当时的就业冰河期增加了蛰居族的数量。

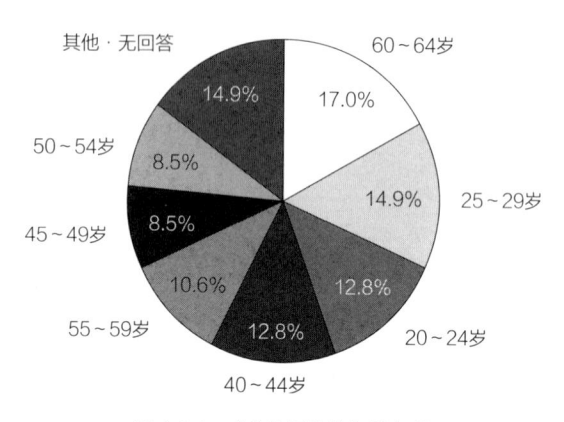

图4.3.1 成为蛰居族的初始年龄

资料来源：内阁府《关于生活状况的调查（2018年度）》。

只是，他们还有"可以待在家里的房子"，这也许也是一种幸运。因为父母拥有属于自己的住房，所以这些人可以说从出生就有了能选择当"蛰居族"的条件。

但是，今后情况将发生变化。父母如果是已经还完贷款拥有了住房，或是还有第二套投资用房，在这样家庭出生的孩子还可以继续选择"蛰居"生活。但是，在没有在这样的家庭条件下出生的孩子会怎么样呢？他们没有自己的住房，也就是说不能选择在家里"蛰居"。这样的人最后可能只能流落街头，成为流浪汉，或者接受政府的最低生活保障。不得不说，即使是在"单身寄生族"或"蛰居族"的世界里，同样存在着富裕层和贫困层的巨大差距。

日本政府 2020 年 12 月的"劳动力调查"数据显示，现在日本的完全失业人数为 194 万。疫情以来，失业人数连续 11 个月呈增加态势，与去年同期相比，竟然增加了 49 万人。而且，放弃找工作的"隐形失业者"估计也有 50 万人。

还有一种情况，对于那些好不容易幸免于失业的人来说，如果经济不景气由于新冠疫情持续下去，他们也很容易转为失业者。这样的群体中不仅有单身的非正式劳动者，还有单身的父亲和母亲，也有作为一家的顶梁柱，要承担全家人生活的父亲和母亲。

在流落街头的公益厨房和儿童食堂里，也能看到前所未有的一家几口人的身影。今后只要疫情不结束，没有稳定房子和经济基础的人就会增加。原本就存在的"地域格差"在慢慢扩大，并在新冠疫情后再次加剧。我们已经进入了无法忽视"地域格差"的社会阶段。

第四节　弥补差距的方法

从"点"到"面"实现地方再生

我一直在思考"地域"和生活在那里的人们的差距现状。自己所出生的环境几乎可以决定未来的发展。处在贫穷代际传递链条中的孩子，始终无法摆脱自己身陷的负面旋涡，但这样的遭遇现在却全被归结为"自我责任"，成为一个我们需要重视的社会问题。原本在人类居住的社会中，无论什么时代都有贫富差距，但在本书中，我想把这种差距长期化、固定化、代际传递化，乃至"阶级社会"化作为一个新的问题去探讨。

新冠疫情突如其来，是加剧了这一发展趋势，还是可能成为改变现状的突破口呢？先让我们试着畅想一下值得期待的光明未来。

随着远程工作科技的发展，人们可以选择移居地方，这确实是一个很好的机会。而且人们一直重视的教育环境也在 21 世纪的 IT 技术潮流中有了新的可能性。

有日本经济新闻报道称，印度在线教育巨头"Buyjurs"不断收购兼并升学补习班。在印度，从幼儿园开始到高中三年级的学生数量竟然多达 26 000 万人。可以说印度拥有日本总人口 2 倍以上的广阔市场，而且其城市和地方间的差距也不如日本那样显著。富裕家庭的孩子多数在城市接受较好的教育，升入名牌大学，甚至实现海外留学和海外就业等，但是地方或乡下人口过少地区的孩子，仍然缺少优质教育的机会，乃至一生都无法摆脱贫困。

也有企业致力于改变如上状况，如正在快速发展的科技企业 EdTech。该企业将优秀的教师阵容和在线课程相结合，试图破除地域对教育资源的束缚。日本如果今后也重视远程教育，将优质教育带去更多偏远地区，说不定这也是改变"地域格差"的一个方式。

日本政府也想尽各种办法鼓励人们移居地方生活，如从东京移居到地方的人中，也有人在移居地成了町会议员，与当地人一起为振兴地方而奋斗。

这其中比较关键的是不能以"点"推进移居，而是要将"点"扩展成"面"。鼓励以个人和家庭为单位移居过来的人们，在当地逐步扩大建立新的社区，发展成"面"。

最近，上至中央政府，下至企业、地方政府都对移居地方进行了各种形式的援助，也设置了各种援助金，如可看到广告语"在东京以外的土地创业的话，支援金××日元"等。当然有援助金领取也不错，但以这样的方式移居后绝不是问题的结束。最重要的是移居者要将移居地作为自己的固定根据地生活下去，并致力于重构人与人、人与地方之间的关系。

谈到这里，我想起了2005年内阁府成立"生活达人委员会"的事情。当时请清家笃（前庆应义塾大学校长）作为主席，我也作为委员加入了委员会。"生活达人委员会"需要介绍有着独特且与众不同生活方式的人，还要向他们颁发"生活达人证明书"。这件事情在当时引起了很大的反响，之后有人甚至在名片上印上了"内阁府认定生活达人"的字样。这样看来，也有很多人希望过一种与传统价值观，即"丈夫是上班族，妻子是主妇，以追求富裕生活为目标"的生活方式不同的生活，我觉得很令人佩服。

另外，在书店也可以看到一些介绍如何在地方开始新生活的书籍，如三浦展在《用100万日元买房子，每周工作3天》（光文社新书）中，介绍了移居地方后的离岛生活、狩猎采集生活、合租房生活等各种各样的"生活"事例。藻谷浩介也在《里山资本主义——日本经济以"安心原理"运转》（角川书店新书）中，介绍了重振地方里山的独特事例。但其实这些都是一些关于移居地方的"点"方面的好例子，下一步我们需要思考今后如何将"移居"地方作为"面"推广开来。我们提倡"移居"地方的最终目标，不是只有一部分有行动力的人才能实现的个别"移居"，而是地方政府资助的，可供普通家庭考虑"移居"的包容性和支持性环境。

地域格差多样化是关键

现在我们探讨一下比较重要的"移居"条件,我觉得这个条件可能是"多样性"。

到目前为止,我提到了关于"移居"的经济、交通和教育等方面,最后要说的是关于"人们的精神"。

离开地方生活在城市的人们,为了寻求当地没有的工作、娱乐、刺激和学习,走出了生长的土地。但是,在那里,也有不少人渴望逃离统一化的价值观。

我教的学生中,也有很多地方出身的女学生。和她们聊天的时候,可以窥见她们对当地的复杂想法。"偶尔回去也不错,但绝对不想定居在那里"这样的声音不绝于耳。

很多地方都有着传统型的家长制价值观,在家庭、企业、地域社会都根深蒂固,如果自己不能接受的话,只能逃离家乡来到城市。

常见的传统型家长制价值观,比如,"如果是女性,顺从男性是理所当然的""媳妇做事时要向丈夫、公公、婆婆请教""女性应该在家打理家务和育儿,外出工作什么的简直匪夷所思""年轻人应该快点结婚,好让家长早点看看孙子长什么样""你那种生活方式不体面""在公司女性沏茶是理所当然的"甚至在当地的聚会上,女性一直站在厨房里,坐在那里吃喝的都是男性等。即使到了现在,地方也持续着这种旧习,自己如果回到出生故土也只能入乡随俗沿袭旧习。"我们因为绝对不喜欢过这样的生活,所以不管怎么说都要在大城市工作,和同样在大城市的人结婚。"我多次听到了周边年轻人这样的心声。关于这一点,男女共同参与会议也出现了同样的讨论,尤其是年轻女性中有很多从地方流动到城市后就不再回来。现在日本地方的男女比例严重失衡,其结果是人口减少进一步加速。

当时安倍政权也提出了"创造让所有女性闪耀的社会"的口号,但从世界经济论坛每年发表的"世界性别差距指数"来看,2020年日本在153个国家中排名121位,跌破历史最低纪录。也就是说,实现理想的道路还很远,但至少东京在表面上还在标榜"男女平等"精神。

当然,我们也不能简单粗暴地规定让"地方"统一做出改变，每个地域都有自己独特的风俗习惯。尤其今后希望采取缓解人口减少政策的地方社区，更不能无视"多样性"。因为移居者未必都和以前一样，属于一对夫妻加两个孩子的"典型家庭"，更多的可能是退休的老年人家庭、年轻无子女的夫妇、单身者、外国人、同性情侣、抚养养子的家庭、贫困家庭等各种各样的家庭类型。

大家共同创造一个谁都不被压迫，也不被强制做什么，互相尊重，能长时间共同生活的社区是很重要的。当然，也要尊重当地特有的文化和传统，不能抛弃它们；与此同时灵活地接受新价值观也很重要。

需要注意的是，这不仅仅限于地方。今后，日本少子老龄化将持续发展，由于疫情影响，出生人数的减少将比预期的速度还快。这意味着日本的国家形态同时在不可逆地发生变化。外国人不仅包括富裕的访日游客，还包括技能实习生、打工者、留学生等，都在不断增加。我们不能将他们视为异邦人来排斥，而是应该将其当作和我们生活在同一个地域社区的人，与之和谐相处。

另外，在失业者不断增加的当下，社会也不能一如既往地摆出"自我责任论"这样不负责任的论断。"有帮助余力的人"应该从物理上和精神上一起支持和援助那些"希望得到帮助的人"。今后我们期待政府加强对"公助"的资助自不必说，我们更希望的是大家发挥互相帮助的精神。

疫情之后移居地方的人可以选择远程工作，虽然目前这样选择的大多是富裕阶层，但未来仍要准备好建造更多适合普通人自由移居的环境。

到现在为止，日本人一直为了得到比昨天更好的生活而不顾一切地工作着。但是现在已经不是"一亿总中流"的时代了。我觉得当下没有意识到"日本贫困"的人还有很多。有的虽然已经注意到了，但可能隐藏在心里，没有讲出真心话。

毕竟用"贫困"来形容一个社会的话，确实会给人一种悲惨的印象，换句话说，也可以说是"不勉强""不虚荣"。如果可以的话，我真诚地希望，拥有多元价值观的人们住在同一片土地上，发挥各自的光和热，从小事做起，对彼此伸出援手，共同构建和谐的"地域社会"。

第五章

消费格差——映射时代的镜子

第一节 消费带来的幸福

消费进程中的富裕变化

在疫情之前已有的各种"格差"中,还有一种是"消费格差"。简言之,这是"消费层面上质的变化"。我想把本章的重点着眼于消费的变化,它是在疫情中变得更加显著的第五种差距。

首先,让我们回顾一下随着时代发展的消费目的变化。

从战后昭和时期到平成初期的1995年左右,被称为"家庭消费"的时代。这个时期的家庭消费结构是小型化,父母和子女都会购入自己的住房,且备齐相应的家电产品,然后培养孩子成人。一般家庭都会遵循这样的消费路径。同时,随着教育的发展,培养孩子考取大学的家庭越来越多。大学升学率从1970年的男女合计17.1%(18岁人口约

190万）到1995年的32.1%（18岁人口约180万），实现大幅上涨。之后，从20世纪90年代后半期到现在，无论是家庭还是个人，消费层面开始凸显质的变化。例如，平成时代的一个消费特征是，人们消费的目的从为了面子或得到他人称赞而花钱的"自尊心消费"，逐渐变化到如今为了证明自己而花钱的"身份消费"。

为什么会发生这样的变化呢？

这是因为时代对于"富裕"的认可悄然发生了变化。从结论来说，日本社会在某种意义上变得十分富裕，从"家庭"到"个人"的消费目的都发生了变化。

首先，我们来探讨一下家庭消费。

近代社会以来，人们的生活是以追求富裕为目标而不断努力的。

但也有不能忽视的另外一面，那就是，**达到富裕生活的目标后人们开始深入反思物质生活。**

现代社会中经常可以听到的一种观点是，"比起物质上的富裕，更要追求精神上的富裕"。其实，当社会某个阶段的发展停滞不前时,"精神高于物质"的说法就会成为主流论断。

从历史上看也是这样。例如,昭和时期的20世纪60年代末到20世纪70年代,人们曾一度对嬉皮士热潮和未开化社会十分关注。这一时期,民众对海外的好奇和热情比任何一个时代都高涨,我大学时代的朋友中,就有去印度旅行后决定生活在那里不回日本的。也就是说,在社会富裕的同时,人们也不断反思富裕带来的副作用。因为这与人们生活中的个人幸福感,即"幸福的取向"息息相关。

积极的幸福和消极的幸福

我们先来看一下什么是"幸福"。

社会学家齐格蒙·鲍曼在2008年所著的《幸福论——"难以生存"时代下的社会学》(作品社)中,有这样的记述:"人均GDP超过一定水平就和国民的平均幸福度没有关系了"(高桥良辅,开内文乃译)。深入思考,这句话还有另外一层含义,也就是说,如果人均GDP达不到一定水平也无法获得幸福,这是对于人均GDP和幸福度之间的关系的一种有趣考察。

有关家庭年收入和幸福度相关性的多样调查显示,年收入的高低和幸福度成正比。但是,年收入超过1 000万日元就不是这样了。之前,读卖新闻进行的幸福度调查中,有一个"对家人满意吗?"的问题。调查结果显示,家庭年收入在1 000万日元以下的家庭随着收入增加满意度上升,但收入超过1 000万日元后,满意度反而下降。当然也有随着年收入增多而感到更幸福的人,但调查的结论是,如果超过一定水平,年收入的多少和满意度就不存在相关关系。

我们可以推测现代幸福有两种类型。

一种是主动的幸福,即积极的幸福感带来的幸福。

另一种是以痛苦、不幸福和不快乐为前提的幸福。一旦发生什么不幸的事情,就会再次感受到"没有痛苦和不幸的状态就是幸福",这是一种消极的幸福感。在2011年东日本大地震后内阁府的调查中,回答"地震后羁绊增强"的人幸福度较高。这是一种逃避不幸福就等于幸福的认知。

如果只用消极的幸福标准来衡量的话，日本大多数人应该是幸福的。但现实并非如此。例如，即使在现在，日本在联合国的世界幸福度排行榜上的排名也仅为第62名（2020年），在疫情之前，日本的自杀人数在发达国家中也一直排在前列。在这样"得不到幸福感的日本社会"的背景下，人们无法体会自己人生被肯定或被承认的那种积极幸福感。其实，**积极的幸福对于人类的幸福感是十分必要的**。

寻求认可的消费情结

现代社会是一个无法自动获得承认和评价的社会。前近代社会有宗教和社区，人们在其中认真经营生活，自然能得到承认和评价。但是，近代社会中需要自己去争取他人的承认和评价。也就是说，用自己的双手创造出被别人需要和评价的生活，这可以说是资本主义社会的特征。

关于上述观点鲍曼还写道："在消费社会，购买预期可以产生幸福的商品和服务，成了近代社会幸福的根本。"有的商业宣传也遵循这样的逻辑,"买这个的话,你会变得幸福哦"。在我们的人生中,每个人可能都有一个追求"买这个就能幸福"的消费情结。

当然,消费情结也有其时代特征。在昭和时代,几乎所有的人都有"创造丰富的家庭生活就会变得快乐"的消费情结。也就是说,富裕的生活是得到认可的源泉,把富裕家庭所需的东西备齐就可以实现幸福。其实这不仅局限于日本,几乎是近代社会初期所有国家的必经之路。当然,日本、欧美和东南亚各国经历的时期不尽相同,但是"创造富裕的家庭和生活"的目标都是大家努力奋斗的原动力,消费量也因此不断扩大。

这种消费情结比较好的地方是,人们可以在消费的同时,得到周围人的认可。同时,如果把家人限定在伴侣、亲子这一小范围里,彼此都是重要且必须的存在。以家庭全体人员的富裕为目标而努力,构成一个可以得到彼此认可的朴素评价体系,孕育了"中产家庭幸福"的原始模样。重要的是,支撑该体系最根本的动力是家庭消费。

第二节 消费主体的变化

家庭的消费体系

家庭消费的特点：第一，几乎所有人都可以共享消费，每个人都以同样的东西为目标；第二，共同消费属性较强，如"一家买一台电视吧""一家人一个月在外面吃一次吧""和家人一起去暑假旅行吧"等，均是全家一起买东西的消费形态。每个人通过购物和购买服务可以实现"幸福"或享有"幸福"的体系在全社会通用。

而且，这样的消费体系也在持续发展。每个人都可能会经历结婚、生子、抚育孩子成长、孩子升学、就业等过程，伴随着在家庭中 20 多年的成长，每个人都会经历不同时期的消费。在经济高速增长期，人们在生活中到处可以感受到来自"这样的生活可以带来幸福家庭"的消费观念，这就不断刺激新商品的诞生。其中，新住宅是最重要的消费品。此后，社会上到处可以看到关于新商品的宣传，如"家人因此而幸福"的电视广告，得到大家的一致追捧。

日本原本没有在家喝咖啡的习惯，但是20世纪60年代的饮料公司雀巢，面向大众播放了"在家庭团聚的地方喝咖啡"的广告，从而给人们留下了"幸福的家庭是全家人围坐在一起喝咖啡"的印象。速溶咖啡此后便作为日常餐饮消费品渗透到每个家庭的生活中了。

游乐园也是其中之一。有人曾经从社会学的角度分析过谷津游乐园（千叶县的一座已经闭馆的游乐园）的出现。在经济高速增长期，全国各地都出现了花样繁多的游乐园。游乐园里有摩天轮、小型过山车和可以吃饭的地方。当时社会上兴起了和家人一起出门，和孩子一起享受游乐园开心时光的消费活动。尽管现在的游乐园不约而同地面临着闭园危机，但以前确实大家都经历了在游乐园中消费的幸福时光。

此外，人们不断追求升级私家车的消费快感，这能让整个家庭拥有受到社会认可的强烈满足感。学历也是如此，父母都追求把子女培养成比自己学历更高的人才，由此也能得到来自社会的认可。因此众多家庭都是如此，父母努力工作挣钱，在子女的教育上投入时间和金钱，以追求子女未来能有一个更好的学历。

过去这种幸福体系之所以能够在社会上运转，是因为几乎所有的男女都会结婚，而离婚的很少。不可否认，幸福的条件离不开作为家中主要劳动力的丈夫收入的稳定和持续的提升。我多年来一直以普通民众为对象，进行着关于家庭的网络调查。调查中经常听到中老年女性这样说："结婚成为主妇后虽然没有什么事业成就感，但是每当家中丈夫收入增加，家里增加新的家电产品时，我就会感到由衷的幸福。"也就是说，家庭中不断购买新商品带来的期待和幸福，支撑着整个家庭消费系统。

个人消费的兴起

从 20 世纪 80 年代后期开始,追求"富裕家庭生活"的目标开始发生变化。社会上虽然有继续追求富裕生活的育儿家庭和老年家庭,他们通过丰富家庭商品提高生活质量,但同时出现了无法实现家庭消费的人们,也就是不能建立家庭的单身者和抛弃家庭的人。当然,这部分人也在开始属于他们的消费活动,即所谓的"个人消费"。

"个人消费"相对于家庭消费,指不是为家人买东西,而是为个人买东西的行为,它的出现象征着一个新时代的开始。

当然,家庭消费的维度也会继续存在,但另一个维度,个人消费的显现开始使消费变得多样化和可视化。其中一个重要特点是,在个人消费过程中,评价和认可的标准发生了变化,需要根据个体进行单独评价。同时,个人消费具有个体化特征,而且其所带来的幸福的存续时间也开始缩短。

消费个人化进程中最先出现的是对品牌的追求。品牌也就是被一般人认可的商品,即"有这个的话,会被大家认可"。刚进入20世纪80年代,确实有因为第一次买古驰包,所以抱着包睡觉的女性,很多年轻人对于买名牌商品,会产生一种"这样才能被认可为独当一面的中产阶级"的想法。

对于男性来说,他们更为看重的是手表和车。很多人购车时同样看重的也是品牌,连广告都在宣传"能住在四叠半①的公寓里,开着宝马车"的年轻人是时代的新代言。这其中还包含着一种男性的时代意识,即"没有车的话邀请女性约会都不好意思"。而女性也有相应的价值标准,如因为"居然和连车都没有的男性约会"而遭到非议。在这样的背景下,男性即使借钱也会买车,就是为了不被女性看不起。

---

① 一叠就是一个榻榻米的面积,大概是1.62平方米。在日本,典型房间的面积是用榻榻米的块数来计算的,一块称为一叠。四叠半大约为7.29平方米。——译者注

当时的广告也不断宣传如"拥有名牌商品,你将是多么幸福,地位有多么高"这类品牌消费语,但最终,名牌消费还是逐渐低迷而且不再被人买单。不管是品牌车还是名牌包的名牌追求者,一旦当他们发现自己无法继续购买新商品,就会停下脚步。可能是由于价格原因不得不放弃,也可能由于再继续购买就会感到厌倦等。总之,无论男性还是女性,大家都默认"品牌消费到结婚为止",尤其随着步入中年和老年时期,大家都对品牌消费失去了兴趣。之后,平成时代已经悄然到来。

在家庭和个人界限之前

我认为日本的平成时代是一个"消费不安的时代"。

对于年轻人来说,他们担心能不能如愿结婚并拥有家庭,而对于中年人和富裕阶层来说,他们担心能否一直维持现在的生活,能否传承家族的发展。如果人们对于建立和维持家庭都感觉不安的话,更别提在新品牌消费上动心了。不论家庭消费,还是个人消费,在平成年代都达到了极限。其中最重要的原因当然是收入的不稳定性。

在一个相对收入持续下降的社会里，人们不可能进行某种创造幸福的消费。当下很多人都在维持着不陷入贫困的消极幸福，很难做出创造积极幸福的举动。

无法从家庭获得幸福的人也在不断增加。单身者的激增，未婚率、离婚率的上升开始成为平成社会的特征，这也说明不在意身份认同或者自尊心的人开始增加。

与此同时，老年人的第二人生开始了。对于健康有钱的老年人，随着子女的毕业以及与配偶的生死相隔，他们开始更多从家庭以外寻求来自社区等地的认同和价值。重要的是，像昭和时代那样的家庭的数量，在平成时代不但没有增加，反而减少了。

一方面家庭消费在减少，另一方面以品牌消费为代表的个人消费也达到了极限。之后出现了"身份（个性）消费"这一新的消费概念。越来越多的人开始不通过家庭、品牌这些外在形式获得他人的认可，而是**尝试追求自我存在价值和行动方式的幸福。**

幸福很多时候都来自他人对自己人生的肯定。人们之所以通过家庭消费获得幸福,就是因为可以通过购买丰富的家庭生活用品改善生活,而品牌消费也是一种可以获得高社会地位的幸福。而进入平成后的新幸福,则是人们开始直接把钱花在能肯定自己人生的东西上。越来越多的人把钱用于改善和提高自己,从而获得来自别人的认可和积极评价。也就是说,人们开始追求与他人的联系、提高审美意识,或者参加一些使他人感到幸福的活动,从而提升幸福感。为了得到这种新幸福进行的消费行为被称为新消费,追求这种新消费方式的人出现在2000—2010年。同时,网络通信和社交媒体的发展,进一步加速了这种新消费的步伐。

对身份消费的进一步期待

但是,这样一种以获得身份消费为幸福的新消费方式被突如其来的新冠疫情中止。疫情在很大程度上加剧了消费格差,根据年龄、性别、家庭形态的不同而表现不同。

例如，对于有着丰厚养老金的富裕老年人来说，他们不会因为疫情而收入下降。反倒在政府推出疫情相关补助金和"去旅行"等活动后增加了别样的休闲机会。但对于那些养老金较少，平日还需额外从事非正规就业补贴家用的老年人来说，他们直接面临收入的减少和生活危机。疫情只要不结束，就没有其他途径可以改善他们的境况。从上述例子就可以看出消费差距的扩大。

另外，对于部分弱势群体的女性来说，这次疫情造成的损失同样巨大。原本女性的非正规就业率就比男性高很多（女性56.4%、男性22.3%，2020年总务省调查），她们活跃在餐饮业和零售业等领域。而餐饮业、零售业也是疫情中受影响最严重的行业，尤其是从事娱乐接待等职业的女性的生活状况更为惨淡。

全日本共有夜总会和酒馆5万5千家以上，还有性风俗店1万家以上（根据风俗店营业法申报数统计）。据说夜总会所需的服务人员为平均每家20余人，而性风俗店需要的服务人员是每家30人左右，因此全国从事该行业的服务人

第五章 消费格差——映射时代的镜子

员总数最少也有140万人。而且，如果包括未在申报数据中的店铺人员和在女仆咖啡店工作的女性，总人数估计不会低于160万人。这样的行业因为经营业态很容易产生聚集，在疫情背景下不得不关店或缩减开店时间以减少人与人之间的接触。同时，很多客人也担心感染，选择少去或者不去光顾。另外，这样的行业大多不是固定工资而是绩效制，由此疫情直接导致服务人员收入的减少，甚至导致他们生活困难、无法继续上学等。如美国那样的"被遗忘的阶级"开始显现出来。

接下来，我想探讨一下关于消费质量的问题。疫情影响下，超市和药店等生活必需品的销售额在不断增加，因为这关乎基本生活所需，也是必然的趋势。与此同时，对于户外用品、野营车、高价音响等消费品的需求也得到了提高。从某种意义上来说，这也是一种"家庭消费的复活"现象（参见图5.2.1）。

另外，随着互联网的发展，身份消费的模式发生了变化。人们热衷于将消费的东西上传到社交媒体上获得周围

支出增加的商品		
	口罩、保健用消耗品等	79.3%
	游戏软件	47.7%
	果酒等	33.3%
	电脑	30.7%
	电视	27.0%
	冷冻食品	15.9%
	生鲜肉	10.3%
支出减少的商品	旅行费	-70.4%
	电影·演剧票	-63.2%
	铁路交通费	-60.9%
	外卖餐饮费	-53.9%
	西装套装费	-40.8%
	口红	-36.2%
	粉底	-24.7%

根据总务省的家计调查所得，统计对象为2人以上家庭的实际消费变化（与上一年增减比率）

（朝日新闻早刊，2021年2月6日）

图 5.2.1　2020 年消费发生了怎样的变化？

人的认可。疫情加速了这种新模式的发展，同时也扩大了使用社交媒体获得他人认可的人与不擅长使用社交媒体获得满足感的人之间的差距。

今后，在少子化的发展中，如何促进家庭消费的复兴是一个重要课题。我认为未来不需要讨论到底是"物质还是精神",或者"家庭还是个人"等二元对立的消费选择,消费是基于"需要的东西究竟是什么"这种能证明自己个性的"身份消费"进行的。如果以个性为出发点考虑的话,其中既有家庭的个性,也有个人的个性,未来需要基于消费的多元化去构建社会环境。而且,未来营造一种适合不同人群使用社交媒体的环境也尤为重要。我想,新冠疫情后,社会需要更积极地支持多元化的消费追求。

结语

令和时代"格差"的走向

根据年号进行时代的划分，对日本来说有意义吗？日本从平成变为令和没多久，就暴发了疫情。从令和二年（2020年）后疫情持续发展并不断扩大影响范围。世界卫生组织（WHO）将疫情命名为"2019冠状病毒病（COVID-19）疫情"，也就是说，从世界史来看，大家一致认为疫情是从令和元年（2019年）开始的。那么，疫情后的日本社会会变成什么样，也将成为日本"令和时代"的特征。

我一直以家庭和社会贫富差距问题为中心进行研究。

在战后昭和时期，日本民众都对富裕的家庭生活抱有期待，并为此奋斗努力。伴随着经济快速发展，这个时代也是人们梦想成真的时代。从社会差距视角来说，在追求实现富裕的过程中，几乎每个人都维持着中流意识并积极生活着。

1989年（平成元年），日本泡沫经济发展至鼎盛期，之后没几年（到1993年）就遭遇了泡沫经济的崩溃。平成时代同时伴随着少子化、未婚化不断发展，人们逐渐意识到日本进入了一个并非人人可以结婚过上丰富的家庭生活，而是即使想结婚也无法结婚的时代。之后随着全球化和信息化的发展，亚洲货币危机（1997年）、金融危机（2008年）的出现，日本经济开始停滞不前，社会各领域的差距不断扩大。我将这样的社会命名为"格差社会"。

在"格差社会"发展的背景下，平成时代宣告结束，人们迎来了令和时代，但在刚进入令和时代之际就发生了新冠疫情。

随着令和新时代序幕的拉开，由于疫情而不断清晰的事实如下：

1. 一直以来隐藏在社会各个角落中，人们不愿意看到的现实差距，已经十分清晰了。

2.我曾经提到过，我们可能无法再回到疫情之前的社会。正如前文所示，平成时代不少执着于建立战后型家庭（即"男主外，女主内"，家庭努力创造物质幸福的生活）的人不能如愿，导致未婚化、少子化不断发展，结果不能如愿建立家庭的人数也在不断增加。同时，由于不想破坏稳定的生活，夫妻之间的爱情差距也在增加。教育随着全球化、信息化的发展，开始要求学生掌握新的能力，但由于公共教育改革迟缓，父母只能靠私人的财力和学识提高子女的学习能力，由此在学生之间造成了巨大的教育差距。

就业方面，正规就业与非正规就业的差距不断扩大，同时，可以适应新数字经济的工作与不能适应新数学经济的劳动力之间的差距也在扩大。在地域社会中，不仅是大城市与地方的差距在扩大，即便是同处一个城市或城镇，富裕阶层居住的区域和贫困阶层居住的区域也已经明显分开。而且，人们和地域社会的牵绊、对地域社会的期待和地域社会的意义也在同步消失。随着社交媒体的普及，人们之间自我认知的差距也在进一步扩大。

当然，如上差距的扩大是从疫情前的平成时代开始的，疫情只不过是一个放大镜，将这种看不见的差距进一步凸显出来。如果说平成时代是"贫富差距不断扩大，但人们不想承认"的时代，那么令和时代就是"承认贫富差距的存在，在正视现实的基础上，大家如果一起创造就能迎来新生活"的时代。不，不是如果，而是必须如此做。

之所以强调"大家一起"，是因为想要缩小上述差距，仅靠个体的"自助努力"是远远不够的。在平成时代，人们把很多差距的原因归结为"自我责任"，有时甚至无视差距的存在，但是疫情直接暴露了这种"自我责任论"的局限性。

未来在家庭领域，人们要舍弃对"战后型家庭"的执着，要认可各种形式的家庭并予以支持，同时要对因为爱情结合的伴侣给予一定条件的鼓励和援助。在教育领域，公共教育要针对新时代所需的能力（数字能力、交流能力、英语能力）进行改革。

在就业领域，要致力于缩小不同就业形态、不同领域之间各种各样的差距。同时，我们要积极构建能够让各种各样的人居住并建立联系的地域社会。此外，也要推进多元化的评价体系，满足不同人需要的认可方式。我们需要解决这些问题。这样的话，我想令和时代会成为充满希望的时代。因为无论什么时代，历史都是由我们亲手创造的，这一点绝对不会改变。

本书能够完成得益于很多人的鼓励和关心。在付梓之际，我由衷地感谢一直鼓励我的朝日新闻出版社的大场叶子先生，以及对本文有贡献的大越裕先生、三浦爱美先生。

山田昌弘